CW01667149

第四部 信徒，生命的余响

萝铃的魔力

Luolingdemoli

下

陈柳环 著

中国少年儿童新闻出版总社
中国少年儿童出版社
北 京

萧龙年鉴之留言板

Xiao Long Lian Lian

天啊，终于进了优才计划！上帝也好，魔力神也好，请保佑我在地球时能见到露琪亚，请保佑我能去孤儿院看看！

梦铃

我相信魔力起源研究会成立的初衷是为了造福人类，只是后来被一些图谋不轨的人利用了，四分五裂，甚至走上了危害社会的路。真希望它能回到原来的路……

西野（火柴棍）

校本长老，我想去地球！可以吗？我保证一定会成为你希望我成为的那个人！！

嘿嘿.

墨麦家族做了一个符合民意的决定，既而不说谁才是人民真正听从的指挥官。如果不能进驻总统府，那就进驻国防部，掌握了兵权，总统做总摆设。

麦麦

我不会报复墨麦家族，不会报复深余者，我只会夺回原本属于我的世界。虽然我是虚假的，但我仍有强大的魔力制造出一个真实的来协助我实现这个计划。

萧非

Wu ki kai me men wa kai mi cang je kai?

Ba ma je da, meng ung wa kai.

Mo ming

该死的！为什么你们都是非定向，只有我一人是定向？火柴棍，我告诉你，千万别去当什么科学家，那是个孤僻的职业，你应该和我一样选择警察这个职业，会令你坚强和自信。

大冬

当我相信自己的魔力是强大的，施展魔法竟是如此的简单！什么是信仰，什么是信徒，我了解了！

纪伦

为什么魔族人应该选我当族长，而不是选壹索？

因为壹索族长的冰冷面孔使族人时刻都提心吊胆地过日子，而金格族长的阳光笑容在诠释世界永远是光明和快乐。当然，只是随便说说，我从未想过要当族长，千万别当真！

金格

地球研究机构逐渐壮大，那是一支军队，我们要得到这股力量。得找个时机去地球研究机构考察下……

利夏

墨夷家族人物关系表

茉莉花岛墨夷家族

王族	非王族	风家族			
姓名	身份	姓名	身份	姓名	身份
墨夷老人（Ma san）	创族人，魔法创始人	成树	长老	风清气	家仆
萧非	前任族长，萧龙星球第一任总统	成林	长老		
贝娜	灵魂是成木的女儿，前任族长，现转世为晓晓	月使	祭司		
太丘	现任族长，名里先生的二儿子	日使	祭司		
太息	现任族长，名里先生的三儿子	鲁步	丘子若的父亲		
漆雕	名里先生的女儿				
成木	长老院院长，名里先生的弟弟				
日暮	太息的儿子				
成山	魔力神殿祭司大人				

叛逃的墨夷家族

丘氏家族

王族		非王族		福斯特家族（部分回归茉莉花岛）	
姓名	身份	姓名	身份	姓名	身份
名里先生	创族人，曾任墨夷家族族长	平陵	壹索的母亲	赛普蒂默斯	奥斯比的父亲，家仆
太中	名里先生的大儿子	巴莉	壹索的表姨	奥斯比	马克斯的叔叔，家仆
萝铃	太中的女儿，外孙女（书中主角萝铃）与其同名			威利	奥斯比的弟弟，马克斯的父亲，家仆
丘子若	名里先生的外孙女，书中主角萝铃的母亲			马克斯	家仆

目录

contents

第十三章 骚动的学园

就在他们坐在亭子里，通过手中的巴比基观看莫明的电视讲话期间，学园的广播经常播放命令魔力班学生停止争斗的指令。由于他们太过专注于莫明的言语，广播是什么时候停止的他们没人意识到。直到电视讲话结束，他们证实了愤愤的所有“而且”都是准确的信息，他们心中都怀着激动、忧虑、沉重的复杂感觉后，他们才发现：学园的广播停了，学园被阳光全照亮了，学园的学生被允许离开宿舍楼了，学园的氛围不一样了……

不是“做梦”，不是“胡说八道”，不是“造谣”，这一次，煽风点火的黑魔法师凭借的是一个又一个“事实”！当然，不是指责他们揭露这些“事实”，而是指责他们不应该利用“事实”来发动战争。任何冠冕堂皇的理由都不能让战争摆脱残酷、龌龊的本质。学园外的战争不得而知，庆幸的是学园内的战争已经被警察和机器人平息了。那些被教唆出来的仇恨很难彻底消除，那是被迷恋的憎恨，只是暂时地被压制在内心深处。白昼虽然来临，但不代表夜晚永不会回来。也许只有神住在永恒的光华中，人不仅要享用昼也要享用夜。学园的最后一次广播是公告：在警察和机器人的协助下，学园抓捕了十几位宣扬种族主义言论、教唆打架斗殴的魔力班学生，这些学生将面临的是教育部最严厉的处罚。

亭子里的八位少年不知该如何表达内心的感受，思维的线索已经纷乱，除了说出感叹词就是沉默。沉默地看着魔力种族学生用异样的目光盯着萧龙种族学生，沉默地看着萧龙种族学生不敢正视质疑的目光，沉默地看着真正的非魔力种族学生用惧怕、怀疑、气愤和厌恶的目光谴责虚伪的非魔力种族，沉默地看着本应该是世界最纯真的角落弥漫着怨恨之气。他们似乎都觉得他们应该伸出自己的双手，勇敢地去驱散这种压迫心灵的可怕氛围，但可怕的氛围也在压迫他们的双脚，使他们无法动弹，扼制住了勇气的动力。

其实这八位少年当中，有两位在这已被搅得混浊了的世界里还保留着一点儿清醒的意识——

“天啊，我们竟然还待在这儿，没去上课！”愤愤惊呼。

“我早就想提醒你们了，但金格一直不给我机会说话。”小哲无奈地说。

“因为那个屏幕里的话才是最重要的！”金格不以为然，“你看，那么多人不都没去上课吗？！”他指着亭子外移动的三五成群。

“但并没有广播通知今天不用上课，所以我们还是得去教室看看。”纪伦说。

“我想问一下，真的不是我在做梦吗，萧龙种族是魔力种族？”左西是一张难以置信的脸。

大冬拍着左西的肩膀，带着一种自豪而欣喜的神色，说：“是的，同学，我们真的是魔力种族。我们有魔力，我们可以施展魔法，哈哈，”他大笑起来，“我们也可以参加魔法等级考试了。从今天开始，我终于可以尽情地用魔法和这个一直看不起我的人对抗了！”他用挑战意味的目光盯着金格。

金格一脸不屑。“尽管放马过来，傻大个，只怕到时你会后悔你学会了魔法。”

大冬眼睛睁大。“我早就盼着这一时刻了！来，就在这儿，我非把你这张嘴撕裂！”他说着就摆好了架势。

顿时，不知情者莫名其妙，知情者心慌意乱。

“虽然知道了我们是魔力种族，但你没学过魔法怎么跟金格斗？”左西问，那副神情简直就是在表明挑战者是个傻瓜。愤愤和小哲已经笑了起来，也是一副看到了天底下最笨的人的样子。

左西的话，愤愤和小哲的笑声，是可以让大冬失去理性的。特别是小哲那嘲笑人的目光，绝对是点燃起大冬内心火焰的最关键的火苗。显而易见，即将会爆发出一场绝对不能爆发的惊心动魄的战斗。必须要制止！瞬息间，萝铃、纪伦和火柴棍扑向大冬——萝铃和火柴棍紧紧抓住他的拳头，纪伦捂住他的嘴，三人都在对他又是使眼色，又是摇头。

“看把你们紧张的！”小哲笑道，“金格不可能会跟一个虽有魔力但不会魔法的人打架的。”

“魔力都被封印了，其实是没有魔力的。”愤愤说。

被扼制住了手和嘴的大冬在用目光表达他的愤怒。必须要化解这尴尬、无奈和恼火的局面。于是，纪伦提议：

“我们回宿舍楼看看是什么情况吧。”

“是呀，是呀，大冬和金格这一战等大冬学会了魔法再约定时间吧。”萝铃急忙附和并提议。

“我们直接去教室吧。”火柴棍紧接着说。

萝铃、纪伦和火柴棍将怒火冲天的大冬用力地推出了亭子。当他们四人快步走，离另外四人有很长一段距离后，被挟持者才摆脱了三个挟持者。

“你们干吗？今天终于没什么顾忌了，我要狠狠地揍那浑蛋一顿！”大冬喊道。

“我警告你，可不准随便使用魔法！”纪伦正色道。

“你是不是想永远被当成傻大个？你觉得现在一点儿也没有顾忌了吗？”萝铃无奈地提出两个答案显而易见的问题。

“其实金格就是爱开玩笑，你也知道谁都被他取笑过，可是除了你没人动不动就要动手。”火柴棍耐心劝导，“你完全可以把他的话当成笑话，笑一笑就过了。”

“你应该让小哲看到你很有风度的样子。”萝铃用投其所好的方式安抚大冬的火气。

这种安抚人的方式很奏效，大冬转头瞧了一眼后，面上的怒气消退了不少。当他们一行八人进入蓝白舍大厅后，大冬面上的怒气完全消逝，估计连刚才发生了些什么事他都抛到九霄云外了。因为，更为激烈和有趣的事吸引了他所有的心思。木太正站在楼梯上大呼小叫，有好几个面容激动的学生在响应他，主题是为萧龙种族成为魔力种族而欢呼。很快，大冬就加入了欢声雷动的队伍中。这个队伍也许是没有觉察到，也许是视而不见：一些魔力种族学生正用不屑的目光在嘲笑他们，以及一些真正的非魔力种族正用冷漠的目光攻击他们。

彩子和雯子发现了刚走进宿舍大厅的八个人，迅速地跑了过来。

“萝铃，你去哪儿了？”彩子带着惊慌的面容问，“你看了莫明族长的电视讲话了吗？”

萝铃点头。

“天啊，真没想到，我们竟然是魔力种族！”彩子感慨不已。

“最想不到的是，萝铃竟然是莫明族长的孙女呢！”雯子含有深意地说，面容复杂得很诡异。

雯子的这句话就像是芬芳的花朵，吸引来了蜜蜂。瞬间，大厅所有的目光投向萝铃，灼热得她觉得自己的身躯要燃烧起来了。欢庆的声音被窃窃私语、议论纷纷取代，甚至有人毫不顾忌地叫嚷起来。

“先是爷爷，然后是父亲，接着是哥哥，最后就是她自己了，萧龙星球的族长、总统职务，简直就是为她家设立的！”露露十分露骨地讥讽。

“怪不得这么嚣张、肆无忌惮，原来是独裁者啊！”叶子也紧跟着嘲讽。

“也许她那位老爱帮她出头的朋友受不了她这种霸行，才离开了学园呢！”素和鄙夷的目光如此显而易见。

“萝铃，你将来当上了总统，或是族长，可要关照一下我这位同学呀！”木太朝萝铃的方向挥手。

“你这德行连上帝都没法关照你！”大冬用高声调回应高声调。

“今天上帝可是‘关照’了莫明家族了，把他们的阴谋诡计公诸于众！”露露站在楼梯口，她那带着轻蔑和仇恨意味的目光投射在萝铃的脸上。

萝铃听着那些刺耳、钻心的言语，尝试着不去理会它们。把这些人当成魔鬼，把这些人的话当成鬼吼鬼叫，怪简单的，不是吗？不，一点儿也不简单！她已经忍无可忍，眼看就要爆发，她再也不能克制怒火。她更有勇气去发泄怒火的另一个因素是，她看见原本跟她一样默然克制的纪伦突然行动起来，正阴沉着脸朝着那些魔鬼走去。但——

露露话音刚落，蓝白舍大厅里骤然闪现魔光，引起了一阵惊恐声。一眨眼工夫，所有人都弄清楚了魔光闪现的原因——金格瞬间转移到了露露的跟前。露露先是愣了一下，像个呆子似的瞪着金格那张杀气逼人的脸，紧接着她似乎是被杀气伤到了，马上踉跄倒退。

“你……你想干什么？”露露问。她竭力要表现出勇气，但仍然掩饰不住恐惧。

“我没听清，”金格摆出一副不解的神情，“你能不能在我面前把刚才那些话再说一遍？”

露露不吭声，只是紧咬着嘴巴瞪着他。

“你知道为什么你那个‘倒数第一’的父亲不得人心吗？”金格露出嘲弄的笑容，“因为他和你一样，是个胆小鬼，只会嘴上耍功夫。”

露露微张开嘴，似乎是想要说话，但又没有太大的勇气说出来。直到她看见前方正在行动的机器人，这才找到了勇气。“你以为耍阴谋诡计的人就能得人心吗？”她说，尽量使自己显得理直气壮。

“如果真是阴谋诡计，那么全球大半的人都参与进去了，所有那些投票给利夏的人都是阴谋家——你是这样认为的吗？”金格换了张面孔——阴冷的面孔，“阳恒家族的人不仅是胆小鬼，而且理解能力如幼稚园学生。”

露露又看了看前方，然后再加有勇气地说：“哼，走着瞧，看看还有人投他的票吗？那些投了票的人现在一定很后悔！”

金格耸耸肩膀，无所谓地说：“即使是如此，你父亲也不会有机会，因为他是倒数第一。”

露露的脸顿时铁青，但她不吭声了，不知是无言以对，还是被屈服了。

大厅里的学生也沉默。其实，所有人一直都默然地关注露露和金格，一直都默然地关注一个机器人朝露露和金格走去。不知是由于露露的沉默，还是由于觉察到了机器人的动静，金格骤然转身。他面对着机器人。

“请不要使用魔法！”机器人说。

“我也不想，但那么多人堵住了楼梯，我只能用这个方法才能上楼。”金格微笑说，“各位长官，你们应该命令机器人管制一下这位在发表污蔑国家领导人言论、煽动学生闹事的人，她的名字叫露露，父亲是总统候选人——阳恒。就是那个‘倒数第一’的候选人！”他末了一句话加重语气，并朝机器人身上在闪动的红点挥手。

“喂，你别胡说八道！”叶子急忙指责道。

“根本就没有污蔑和煽动！”素和急忙澄清。

“哦，这两位是帮凶，名字是素和、叶子。”金格又朝机器人挥了挥手。

大厅里有很多人笑了起来。很奇怪的是机器人一直在沉默，也许是操纵机器人的“各位长官”在考虑是否接受和认同金格的控告。

露露一副毫无主意的样子，只能用充满了恨意的目光瞪着金格。素和、叶子也是用和露露一样的目光攻击金格。金格朝被他控告的三个女孩眨了眨眼睛，然后突然又施展瞬间转移魔法。和一团红光一直出现的是金格的声音：

“我先上楼了！”

愤愤和小哲响应金格的号召，也纷纷施展瞬间转移魔法。两个机器人，一个在大厅门口，一个在楼梯口，同时叫喊：

“请不要使用魔法！”

大厅又被引发出了笑声。

“真拿这小子没办法！”纪伦感叹。

“不过，露露如此不讲理的言论，的确令人气恼。”左西说。

“萝铃，你别理会露露，我理解你。我相信你爷爷一定是有苦衷的。”彩子安慰道。

萝铃不知该如何言语，但内心对同学给予的理解和安慰充满了感激之情，因此流露出了感激之情看着彩子，就好像在说：“谢谢！”

她感觉到许多原本投注在她身上的目光被露露和金格转移了，但还是存在令她不自在的目光，她急迫地想要摆脱这种束缚的感觉。“我们去教室看看……”她提议，“纪伦，你叫金格下来吧。”

“今天不上课了！”彩子感到诧异地说，“你不知道吗？”

“不上课了？”火柴棍也诧异。萝铃、纪伦和左西都一脸疑惑地看着彩子。

“广播站有通知呀，你们没听见吗？”雯子抢先解释，“萧龙学园一片混乱，所以今天停课，明天照常上课。”

“可能是我们太过关注于莫明爷爷的电视讲话，所以没听到。”纪伦看着萝铃。

“爷爷”！是呀，现在已经是全民皆知，不需要再有所顾忌了，可以光明正大地说出来！

“那我们就回寝室吧。”萝铃说。

在众目睽睽下，纪伦和左西走在前头开道，萝铃、彩子、火柴棍和雯子紧跟在后头，都低垂着头，就好像害怕被别人踩到自己的脚，或者是害怕自己踩到别人的脚。他们离开大厅，上了楼。大冬还在兴致勃勃地和同学们高谈阔论萧龙种族的魔力，并没有觉察到他们的行动，而他们也没人觉得有必要告知他。就让他沉浸在兴奋的幸福的世界当中吧！

金格和愦愦、小哲站在三楼的走道上。金格看到他们六人出现后就立即抱怨他们行动迟缓。没人在乎他的抱怨，反而是纪伦很严厉地谴责他在大厅里使用魔法。金格不以为然，觉得只有他这种人的存在，露露这种人才不会太过放肆。

离午饭时间还有两个多小时，他们决定在萝铃的寝室里打发这段不长也不短的时间。而这段时间里，几乎都是彩子在抒发她在一个惊心的夜晚里的激荡感受，其他人偶尔插上不太重要的一句。就在彩子说——“后来雯子提议到一楼放映室看你爷爷的电视讲话，所以我们就离开了寝室，下楼到大厅里。噢，那时放映室可是挤满了人，我们只能听到你爷爷的声音，根本看不到屏幕的一丁点儿画面”——的时候，萝铃寝室的门被人从外面敲了几下。寝室里的所有人都以为寝室外的人是大冬。当离寝室的门最近的愦愦把门打开后，众人都惊讶地发现门外是柳絮老师和浦哲老师。瞬间，寝室里的所有学生都起身，以学生应有的姿态迎接两位老师。

“老师！”好几个人唤道。

“哦，这里很多人嘛！”柳絮带着温柔的微笑说，“不好意思，打扰你们了！”

浦哲也在微笑。“看来我们的担心是多余的，看他们个个都挺好的！”

“谢谢老师关心，我们很好！”纪伦回应。

“呃，昨天晚上是我和浦哲老师负责蓝白舍，我们每个寝室都去了，没看见萝铃、纪伦、左西、西野和大冬在寝室里，很担心，所以就再来看看。”柳絮老师解释道。

“对不起，老师，我们昨晚上吓坏了，所以都跑了出去。”金格诚恳的面孔和诚恳的声音。

“你是魔力班的学生吧？”浦哲问。

“是的。我是壹索的堂弟，所以跟萝铃和纪伦很亲密。”金格咧嘴一笑，“我担心他们几个被魔力种族的坏学生伤害，所以昨晚上一直在保护他们。”

柳絮和浦哲被金格糊弄得连连点头，都连说了两个“哦”字。

纪伦似乎是不希望金格再胡扯下去，连忙说：“老师，我们都没事，谢谢关心！”

“没事就好！”柳絮说。

“如果遇上什么问题，一定要找老师商量！”浦哲说，并且显而易见地朝萝铃露出了意味深长的目光。

萝铃猜测到了这目光的意图，于是快速回应：“好的，老师。”

柳絮和浦哲似乎很满意这个寝室里的学生的情绪和反应，所以带着满意的笑容离开了。

当寝室的门关上后，萝铃不由得感叹：“看来往后的日子里，会有更多人对我多加关注了！”

“是呀！”彩子也跟着感叹，似乎理解萝铃的内心感受。

萝铃心里明白：从今天开始，同学们和老师们在她面前所展现出来的只是一种显然被掩饰过的表面现象，而在她背后将会是赤裸裸的特殊目光和言语。这种“特殊”很有可能是有杀伤力的，所以不能摆到表面上来。

纪伦的巴比基响了——

“壹索？”他问，“士季？嗯，我知道，在小学园区。好的，我们去看看他们。好的，了解情况后我就马上跟你联系。”巴比基远离了他的耳朵。

“怎么了？”金格好奇地问。

“壹索叫我们去小学园区看看士季和士贞。”纪伦说，“他联系不上巴莉阿姨，所以有点儿担心他们。”

“他为什么不联系小学园区的区长？”金格问。

“他有联系，区长说小学园区没出现骚乱。但他还是不放心，叫我们去看看。”

“那我们就去看看吧，我还没去过小学园区呢。”萝铃饶有兴趣地说。

“可是，应该不会让我们进小学园区吧？”本西提出一个很实际的问题。

“壹索有跟园长打招呼，所以我们会被允许进去。”纪伦说。

看似不存在任何阻碍了，于是，他们立即动身。在大厅里，大冬发现了这个浩浩荡荡的队伍，立即要求加入。他们有担心过小学园区的门卫不会让这样一个队伍进入，不过，他们觉得反正闲着也是闲着，不如去碰碰运气吧。

当他们离开了宿舍楼后，他们发现这是一个骚动的学园，因为到处都是骚动的学生。不是因为学园出现了变化，不是因为世界的某个角落出现了变化，而是整个世界都出现了变化——很震撼心灵的变化！即使是习惯于命运曲折的人，也禁不住这次太意外的变化，或者是一种打击。无法用尺度来衡量的变化已使得学生们失去了自持，他们在表露和谈论，各式各样的情绪毫无节制地迸发出来。学园里那些永久静默的生物似乎也被感染了，人的眼睛看它们也是骚动的状态。

这个浩浩荡荡的队伍在中学园区是畅通无阻的，但一靠近小学园区就被拦截了。

“站住！”驻守在小学园区入口的一位警察叫道，“你们不能进去！”他的神情表示他是认真的态度，如有违抗，必将遭到严厉的处分。

“我们已经得到了赫斯园长的许可，要进去看望弟弟、妹妹。”纪伦解释。

“警察先生，我们很担心他们受到了惊吓，拜托您让我们进去了解一下他们的情况。”萝铃恳求。

警察一边打量着每个人，一边说：“赫斯园长是有吩咐过，但她给我的是三个人的名字，而不是这么多人。”

“哦，他们是我们三个人的同学，也想进去看看，请通融一下。”萝铃再次恳求。

“不行，只能是赫斯园长许可的那三个人才能进去。”警察很严肃。

“要不多一个人，好吗？”大冬想要讨价还价。

“多半个人也不行。”警察盯着他，很认真地说。

金格立即哈哈大笑起来。“警察先生，你就算同意半个人进去，也没人愿意被劈成两半。”

警察很严厉的目光盯着言语不端者，脸上一丁点儿笑意也没有。金格立即收敛起笑容，但仍是一副无所谓的态度，耸了下肩膀。

“各位同学，辛苦你们了，请回吧！”他说，并用手势示意。

有人沮丧，有人无奈。而大冬先是恶狠狠地瞪了金格一眼，然后语气不悦地说：

“真是倒霉，早知道就不跟着来了！”

“是呀，那么远的路！”愤愤也很不满。

“其实呀，我早就意料到会是这种状况，真不明白你们为什么要跟着来！”金格说，露出一副因看到傻人做傻事而觉得可笑的神情。

本来大老远跑过来却被拒之门外，不得其门而入的几个人已经很恼火了，金格这种嘲弄简直就是火上浇油。立马，嘴上惹祸的那个人被充满恨意的目光攻击，不仅如此，还被几个拳头攻击。

“喂，你们干什么？想要被抓到教导处去吗？”警察用严厉的声音制止正在动手动脚的三个学生——金格、大冬和愤愤。

“对不起，对不起！他们只是闹着玩的。”火柴棍连忙赔礼道歉，似乎担心警察一不顺气就真的把他们抓到教导处去。

“别闹了！”纪伦拍了下金格的肩膀。

“是他们先打我的！”金格不服气。

萝铃气得瞪着金格。“真是受不了你，一天到晚就知道惹是生非！要是害得我们今天进不去，我就撕裂你这张不正经的嘴。”

金格急忙畏缩了一下，但显然只是装模作样而已。这使得萝铃更气了，但又无计可施，只能是干瞪眼。

“回去吧，就当是晒晒太阳、欣赏欣赏学园的风景。”左西说着转头而去。

其他人嘴里叹气的叹气，心情失落的失落，都默然地转身远离小学园区的入口，返回中学园区里。萝铃、金格和纪伦目送他们的背影。

“就你们三个人进去，是吗？”警察打断他们的目光。

“是的。”纪伦连忙回应。

“叫什么名字？”警察又问。

“我叫纪伦。他是金格，她是萝铃。”

“嗯，进去吧。”警察的语气就像是在下命令。

萝铃、纪伦和金格就像是严格遵照指令一样，不敢吭一声，快步走进了小学园区里。

小学园区里很安静，经他们向巡逻的警察询问才知道小学园区并没有经历惊心动魄的夜晚，因此照常上课。这时，距离下课时间不远了，所以他们决定前往士季的宿舍楼等候。然而，没走多远，迎面而来的四个人令他们大吃一惊。那四个人中，其中两个人正是他们要探访的弟弟、妹妹——士季和士贞，而另外两个人是钟离飘和一个男人。从那个男人白皙的皮肤和俊美的相貌判断，应该是精灵族人。士季和士贞看见了他们，就好像看到了可亲可爱的人一样欢呼起来：

“萝铃姐姐，纪伦哥哥，金格哥哥！”

“爸爸，他们就是萝铃姐姐、纪伦哥哥和金格哥哥。”

士贞的这一声“爸爸”让哥哥和姐姐顿时又是大吃一惊。

“那个人是他们的父亲——谷梁。”萝铃小声对两位同伴说。

“怎么不见他们的母亲，而是一个可恶的女人。”金格也小声说。

“他们的父亲不是在地球的研究机构吗？”纪伦小声提出疑问。

当然，他们也就只有三句话的时间，很快他们就和前方的人拉近了距离，根本没有多余的时间解析疑惑。当他们和令他们吃惊和疑惑的人仅有一步之遥时，他们三人率先带着热情的笑容打招呼，而他们也得到了热情的回应。不过，他们都有觉察到钟离飘美丽的笑容里掩饰着一丝不安。

“你们这是要去哪儿？”萝铃问士季和士贞，尽量带着温和的笑容，显得自己是出于关心而不是质问。

“爸爸要带我们回家。”士贞回答。

“回家？你们不用上课吗？”纪伦问。

“哦，家里有点儿事，所以来接他们回去一趟，过几天就回来了。”谷梁解释道。他显得很自然，没有出现让人感到异样的神色。

萝铃将目光移到纪伦的脸上，发现他和她一样也是无措的状态。不过，金格和他们截然不同，一副很关注的样子问：

“是出了什么大事吗，竟然需要他们旷课回家？需不需要我跟壹索和利夏说声，让他们帮忙？”他的目光直视谷梁的眼睛。

瞬间，谷梁自然的神情出现了变化——异常的变化。“不，不用麻烦壹索先生和利夏洲长，我能处理好。”他急忙说。

“还有我呢！”钟离飘微笑，“如果连精灵族也没辙了，再找魔族和萧龙种族帮忙吧。现在萧龙种族可是面临着一大堆问题呢，怎么好意思给他们添麻烦呢。”

“面临再多、再难的问题萧龙种族也能解决，所以钟离飘族长不需要客气。”纪伦也微笑，“多一个人帮忙多一分力量嘛！”

“只是小事，真的不需要劳烦利夏洲长。”谷梁说。他看见了钟离飘示意的眼神，于是一手抱起小女儿，一手拉着大儿子，边往前走，边说：“我们先走了。改天我会去拜访壹索先生和利夏洲长，谢谢他们一直以来的关照！”

萝铃看此情形，心里急了，冲口而出：“巴莉阿姨呢？怎么不见她？”

“她……”

“妈妈病了！”士季打断了父亲的话。

“病了？！”萝铃和纪伦异口同声。

“没……没什么，小病，休息几天就好了。”谷梁解释。但他没回头，反而加快了脚步，而士季不得不小跑来配合他的步伐。

“这下好了，怎么办，我们总不能从父亲手里抢孩子吧！”金格望着正要远去的四个背影说，“不过，看这两个弟弟和妹妹生龙活虎的，我们也可以向壹索交差了。”

纪伦不理会金格的话，而是快速从口袋里拿出巴比基，快速地呼叫壹索。“壹索！”他的呼叫得到了回应，“嗯，我们见到他们了，但他们正被他们的父亲带出学园……说是家里有点儿事，所以要离开几天……没说是什么事。不过，士季说巴莉阿姨病了。最关键的是：钟离飘和他们的父亲一起来接他们……啊，阻止他们？怎么阻止，那可是他们的父亲……好吧，马上阻止……”

纪伦末了一句话刚落，金格就好像领会了壹索的指示一样，直奔向远去的四个背影。“士季！士贞！”他喊道。

萝铃和纪伦也跟在他的后头急奔。但无论是前头的人还是后头的人都迟了！红光团闪现，四个背影消失了！

“啊，他们瞬间转移了！”萝铃惊呼。

“估计是转移到园区的出口了。”金格分析。

“可是，有几个出口，会是哪个？”纪伦着急，“这里离哪个出口最近？”他大声向一个被魔光惊动而奔跑过来的巡警询问。

“是你们在使用魔法吗？”巡警不回答问题，反而十分严厉地质问。

萝铃既着急又无奈地跺脚。“不是我们，是别人，他们抓走了我们的弟弟和妹妹！”

“天啊，这种说法！”金格说，“那可是人家的父亲！”

萝铃生气地瞪了他一眼。“我高兴这么说，你管得着吗？”

“你们两个别在这个时候进行毫无意义的斗嘴。”纪伦也生气了。

巡警跑到他们面前。“怎么回事？”

“这里离哪个出口最近？我们有急事。”纪伦问。

“刚才是谁发射魔光？”巡警质问，毫不理会纪伦的问题。

金格拍了下额头。“真是太好了，这个人只知道提问，不肯回答问题！估计他们都离开学园了！”

“警察先生，我们……”纪伦似乎想要显现出耐心。

可是，萝铃恼火了。“我们的弟弟、妹妹被抓走了，你到底要不要告诉我们出口在哪儿？”她大吼。

警察一惊，立即冲口而出：“3号出口离这儿最近……”

“啊，我知道是哪个了！”金格叫起来，并两只手分别快速地抓住萝铃和纪伦的手，“警察先生，麻烦你通知出口的警察，不要让士季和士贞被带出园。”他快速地说完这句话后，小声念咒语：“瞬间转移！”

“喂……”

伴随警察的警告声一起出现的是黑暗和压迫感。

很快，萝铃和纪伦被金格带到了园区的一个出口前。也就在他们的视线清晰后，他们都发现那四个熟悉的背影。

“士季，士贞！”萝铃急忙呼唤，“别走！”她跑向她呼唤的人。纪伦和金格也在跑。

正在准备验证的四个人纷纷回头。顿时，士季和士贞既疑惑又惊喜。而谷梁和钟离飘脸色大变，急切地要求警察赶紧验证。但，驻守在门口的警察把对讲机从耳朵边移开后，说：

“对不起，你们还不能马上验证通过，出了点儿问题，需要查证一下。”

“什么问题？这位是这两个孩子的父亲，”钟离飘着急地说，“我们有急事要赶快离开学园。”

“园区里的巡警说有两个孩子被抓走了，所以请让我查证一下。”警察耐心地说，“这两个孩子叫什么名字？”

“他们叫士季和士贞。警察先生，不能让他们带他们走。”纪伦急切地说。他们三人已经跑到了警察的面前，个个都喘着气。

钟离飘面带笑容看着正在喘气的三人，但怒气隐约可见。“我说你们几个怎么这么淘气，别再闹了，不然警察可要把你们抓到教导处去了。”

萝铃、纪伦和金格不理会钟离飘的指责，都看着警察急欲说明情况，但警察正通过对讲机与园区内的巡警联系。

“是的，我拦下了，三个中学园区的学生，两个小学园区的学生，还有两个精灵族人，你们俩是精灵族人吗？”警察看着谷梁和钟离飘。

谷梁和钟离飘纷纷点头，都是一脸的急迫，钟离飘简直就是气急败坏的样子。

“警察先生，我是他们的父亲，麻烦你赶紧验证让我们通过吧。”谷梁请求。

但警察没有马上回应他，而是对着对讲机说：“好的，我仔细询问和查证后才决定是否让他们通过。”

士季和士贞都是一脸的不解，看看父亲，又看看三个哥哥和姐姐。最后，士季忍不住了，问道：

“爸爸，怎么了？为什么哥哥和姐姐不让我们走？”

“谁知道你这些哥哥姐姐搞什么鬼！”谷梁已经失去了耐心和理智，十分生气地回应儿子的问题。

士季似乎被吓着了，急忙紧闭嘴唇，但还是一脸不解地看着父亲和哥哥姐姐。

“怎么办，凭我们三个是没法不让他们的父亲带他们走的？”萝铃小声问纪伦和金格。

纪伦和金格沉默，似乎是在想计策。

“警察先生，现在可以验证了吗？”钟离飘露出甜美的笑容问道。

“可以，你们四个都在机器人的验证器上验证，如果查实你们是这两个孩子的家长，然后我再向学园办公室查实一下，都没问题了，你们就可以离开。”警察回答，“但是，这三个孩子为什么不让你们走，而且还说是你们抓走了这两个孩子？”

“警察先生，这三个孩子是我的亲戚，是在跟我们闹着玩的。”谷梁解释。

“我们有事先向学园办公室提出申请要带孩子离开学园。”钟离飘补充说明。

“闹着玩？有这么闹着玩的吗？”警察似乎不接受这种幼稚得有点儿可笑的解释。但他却示意谷梁进行验证。

“唉，就算是壹索在这儿，也不能阻止人家的父亲带孩子走呀！”金格小声感叹，“我说，你赶紧向那个不讲理、爱黑脸的人汇报一下呀！”

其实，不用金格提醒，纪伦早已拿出了巴比基，正小声对着巴比基说话。在纪伦和壹索通话期间，萝铃和金格只能眼睁睁地看着士季和士贞的小手掌先后印在机器人的掌心上。

就在谷梁的手掌和机器人的手掌重叠时，纪伦快速地跑到警察面前。“警察先生，壹索先生想要跟您通话。”他语速极快地说。

“壹索先生？是魔族的壹索先生？”警察诧异。

“这个星球只有一个人叫壹索，警察先生！”金格提醒道。

警察连忙接过纪伦递给他的巴比基。这时，钟离飘神色慌张起来，连忙跟谷梁小声嘀咕。

“壹索先生，您好！”警察对着巴比基庄重地打招呼，“啊，您好，利夏洲长！”他突然改口。

“怎么壹索突然变成了利夏？”金格笑了起来。

“有什么好笑的！”萝铃瞪了嬉皮笑脸者一眼。

“可能是利夏在壹索身旁吧。”纪伦说，“而且由利夏跟警察商量比较好。”

“嗯……嗯……好的，我先请他们到园长办公室去，等您过来。”警察回应利夏，“放心，我会让他们等您过来。”

从警察的话语判断，危机似乎被利夏解除了，萝铃、纪伦和金格顿时松了口气。他们将目光从警察的身上移到钟离飘和谷梁的身上。也就是这一瞬间，他们那紧绷的神经仅松懈了一小会儿，又再次迅速地收缩起来。因为他们视线里骤然出现了两团魔光。谷梁和钟离飘分别抱着士季和士贞瞬间转移了！

“啊！”萝铃、纪伦和金格一起惊呼。

与利夏通话的警察也感觉到了异常情况，但也只能对着渐渐消逝的魔光发愣，一副束手无策的样子。而一直坐在保卫亭里的另一位警察慌忙跑出来。

萝铃、纪伦和金格可不想浪费时间发愣，也不想浪费时间等警察有反应，他们发动双脚，快速地想要跑出小学园区的大门。

“喂，你们不能出去！”警察终于有了反应。

门口的两个机器人非常及时地把他们拦住。他们互相使眼色，然后同时施展瞬间转移魔法。很快，他们离开园区大门，到了园区外的街边上。他们心情紧张地东张西望，耳朵里听着警察的叫唤声和脚步声。

“在对面！”萝铃发现了目标。对街边上，钟离飘和谷梁各自抱着一个孩子正钻进一辆车里。她连忙再次施展瞬间转移魔法。

萝铃转移到车子的旁边时，车子开始行驶。她的大脑在飞速转动，急欲找到一个可以阻止车子行驶的好法子。就在她想出向车轮发射魔光这个法子时，有人抢先了。

“撕裂！”

纪伦和金格几乎同时发射出同样的魔光。

嘭！嘭！两声巨响！车轮爆炸，车子失去了赖以行动的双脚，不能再继续前进！

萝铃、纪伦和金格惊喜。然而，当车子里闪现出魔光时，他们顿时气恼和沮丧起来。钟离飘和谷梁弃车而逃，瞬间转移到了某一处。这一次，无论他们如何发动他们眼睛的全部魔力，也寻找不到目标的踪迹。金格想要放出隐匿在他口袋里的火鸟——鬼鬼——去捕捉目标的魔力气息，但两位学园的警察已经追到他们面前，并严厉制止他们再有任何行动。

“算了，街上到处都是魔力气息，也不知哪个是他们。就算鬼鬼找到他们，我们也来不及了。”金格打消了放出火鸟的念头。最重要的是，他可不想让警察发现他身上带有宠物，这是被学园严令禁止的。

两位警察认为他们严重违反了园规，不仅在学园里使用魔法，而且还未经同意和验证就离开了学园，于是，不由分说地把他们当成犯人一样押到教导处。

教导处里有十几个魔力班学生，看见警察押着萝铃、纪伦和金格进来，都露出了惊讶的神情。露出这种神情的众多面孔里有他们很熟悉和亲切的面孔：德米特、亚德和西摩。

“你们犯了什么事？”西摩好奇地问，而好奇的目光放在萝铃的身上，似乎表明她在这种地方出现是十分匪夷所思的事。

“唉，别提了，都是我那位可怕的堂哥害的！”金格感叹。他一点儿也不客气地把一位魔族学生从一把椅子上拉起来，自己坐了下去。

萝铃和纪伦不想解释，只是一个以气恼的目光，一个以无奈的目光，都盯着押解他们的警察，此人正在向教导处的办事员汇报情况。

“好，我了解了，等处理完昨天晚上打架的学生就处理他们三个。”听了警察的汇报后，教导处的办事员说。

警察走到纪伦面前，“我很遗憾没能帮上利夏洲长的忙。但你们三个刚才那种做法是十分严重的违规，所以必须得由教导处来决定是否处罚你们。你们乖乖在这儿待着，并联系家长过来。”

纪伦无奈地点头，“嗯，知道了。给您添麻烦了，警察先生！”

两位警察很满意纪伦那种认识到错误的态度，不再多言语就离开了教导处。

金格一只脚碰了碰纪伦的脚，“你赶紧叫那个害我们第一次进教导处的人来救我们吧！”

纪伦从口袋里拿出了巴比基。

“金格说的‘堂哥’难道是壹索？”德米特问。

“嗯，是的。”萝铃回答，“不过，不是他害我们进来的。”

“怎么不是他！”金格反驳，“他明知道这件事我们三个是无能为力。如果不是他故意的，就是他今天脑袋秀逗了！”

萝铃不想回应金格，连瞧也不想瞧他。“你们三个是因为昨晚上打架才进来的吗？”她问道。

“哦，不，是劝架被冤枉成了打架！”西摩说，“唉，有理也说不清了！”

“打架就打架嘛，干吗说成劝架！”金格笑道，“如果你不知道这架是劝不了的，那你就是秀逗了！”

“是呀，全天下的人都秀逗，就你一个人是正常的。”德米特笑道，“也就是说……”

“你是不正常的！”纪伦接话。他结束了与壹索的通话。

“哼，不正常的是你刚才通话的那位！”金格说，“怎么样，他要过来吗？”

“嗯，他和利夏都要来，他们已经进学园了，正和园长一起朝教导处来。”纪伦回答。

“这么快！”金格立马坐直身子，“喂，你让个座位给我的妹妹坐，不然我两个哥哥来看到我坐着，却让她站着，非揍我不可。”他说着就推了一下旁边的一位魔族男孩。

魔族男孩屁股紧贴着椅子不肯移动，“你既然是她哥哥，你就应该让座。”

“我刚才追犯人，太累了，需要休息。”金格为自己辩护。

“金格，你怎么那么霸道呀！”巫术族学生——宇翔——的头从两个身躯中间探出来，“你妹妹挺漂亮的，叫她过来我这儿。虽然我也追犯人累了，但还有点儿力气抱着她坐。看她那么瘦，应该不重。”

教导处里顿时笑声一片。

萝铃十分气恼。“你这个丑八怪还是去找丑八怪抱吧！”她一脸不屑地说，“说不定连丑八怪也嫌弃你，甚至连一根头发也不愿让你碰。”

笑声仍在持续。

“宇翔，你这恶棍的属性简直就是天生的！”金格说。

“遗传基因，一辈子也改不了了！”纪伦紧接着说。

马上，好几个魔族学生边大笑边附和。

“安静！”办事员严厉的声音，“再乱说话，再笑，处罚加倍！你们这些孩子，就是爱耍嘴皮子，所以才会持续不断地仇恨，最后不得不以武力来发泄。读多么多书有什么用，个个都心胸狭窄，一点儿也不懂得仁爱之道。”

教导处如办事员所愿安静下来。虽没有了挑衅的言语和笑声，但还有管制不住的充满杀伤力的目光。

这场言语之战完全是因为金格的一个霸道行为而引起的，所以萝铃把所有的气都出在他身上，她用力地拍他的肩膀，示意他让座。金格一点儿也不抗拒地起身，并且赔着笑脸。她先是狠狠地瞪了他一眼，然后就一屁股坐了下来，一副盛气凌人的模样。但那个样子毕竟不是她的本性，所以她的心里暗暗觉得有点儿可笑，嘴角不由得泛起了一丝笑意。

“开心了就好，可千万别向哥哥们告状。”金格说。

“你明知道我从不告状的。”萝铃瞪着他，“你如果不乱说话，那就不会有人不开心了。”

“他那乱说话的属性也是天生的。”纪伦微笑，小声说。

“你这后天培养的也不赖嘛！”金格拍拍纪伦的肩膀，就好像在表示鼓励的意味。

纪伦没回嘴。事实上他也不能再吭一声，因为利夏、壹索和赫斯园长正走进教导处。

教导处更加寂静，连窃窃私语也消失了。所有的目光都聚焦在三位大人物身上。利夏和壹索很自然的神色，目光一直跟随着赫斯园长移动。赫斯园长走到办事员跟前，轻声和他说话。办事员默然倾听，不时点下头。不到一分钟，赫斯园长离开办事员，走到利夏和壹索跟前。

“利夏洲长，壹索先生，他们三个可以走了。”她说，“不过，他们一定是要被处分的，请谅解！”

“当然，违反了学园的规定，是一定要接受处分的。”利夏正色道。

“什么？”金格感到诧异地叫起来，“要被处分吗？”

“你早就应该被处分了！”壹索盯着金格，面孔就像是木偶的脸一样缺乏表情。

教导处的学生们笑了起来。

金格不敢正视壹索锐利的目光，十分无奈地叹了口气，说：“第一次进教导处，第一次被处分，今天真是倒霉透了！”

笑声更热烈。

萝铃、纪伦和金格跟着利夏和壹索走出教导处后，笑声还在继续着。

金格一直带着一张愤愤不平的脸跟在利夏和壹索的后头；萝铃和纪伦虽感到有点儿委屈，但觉得可以接受，所以没有流露出不高兴的神色。他们五人在一个安静的亭子里驻足后才开始说悄悄话。

“又不是我们的错，你们怎么可以让学园处分我们！”金格没等两个大人开口就先埋怨。

“你以前犯的那些事足以让你被学园开除了。”壹索说，“现在一个小处分你就受不了了。”

“算了吧！其实现在回想起来，我们当时太心急了，没能好好思考，他们既然瞬间转移，我们怎样也追不上的。”纪伦说。

“可是，那个处分会不会影响纪伦和金格参加优才计划？”萝铃担忧地问。

“应该不会。”利夏安慰，“我当年也有过小处分，并没有影响到我参加这个计划。”

“那就好！”萝铃的担忧顿时消失得无影无踪。

“当然，今天这事不能完全怪你们，你们受到处分是会有点儿委屈。”利夏继续安慰，“但是，你们要学会牺牲小我，完成大我。我和壹索既不能把事情的原委告知赫斯园长，更不能以权势压迫她，所以就只能委屈一下你们了。你们即将要跟随壹索去探访各魔力种族，很有可能要面临许多坎坷和牺牲，所以不仅要具备坚强的品质，也要具备宽容的胸怀。”

“探访魔力种族？！”萝铃震惊。纪伦、金格和她一样将询问的目光先投向利夏，再投向壹索。壹索是个几乎没表情的人，所以很快他们的目光又回到利夏的身上。

“是的，墨夷家族要求我们马上去探访各魔力种族。”利夏回应。

“‘马上’是指什么时候？”萝铃问。

“就这几天。”

“我和金格也可以一起去吗？”纪伦热切期盼。

“如果你们俩也想去，那就一起去吧。”利夏说，“壹索也觉得应该让你们都去磨砺一下。”

“你们早就应该让我们磨砺了，不然我们怎会茁壮成长呢！”金格嬉皮笑脸地说。

“那么我们不用上学了吗？”纪伦问。

“暂时休学一段时间。我刚才已经跟赫斯园长提过了，我会找个时间来办休学手续。”利夏回答，“其实去探访魔力种族也花不了多长时间，估计也就一两个星期吧。”

萝铃心里挂念着一件更为重要的事。“士季和士贞被钟离飘那个可恶的女人带走了，怎么办？”

利夏带着一点儿忧虑地看了壹索一眼。“既然是他们的父亲把他们带走的，我们也没办法。壹索一直联系不上巴莉阿姨。钟离飘不可能会伤害他们。她知道士季是精灵族的强魔力者，可能今天这个举动是想要将他带到族里保护起来。士季对于精灵族而言可是件宝物！有他们的父亲在他们身边，我们倒不必太过担心。”

“那还叫我们极力阻止。”金格无奈的神情。

“其实我和壹索只是希望能把他们留在学园里一会儿，等我们来和谷梁当面了解下情况。”

“那个谷梁简直就像是要逃跑似的，根本不能跟他好好了解情况。”纪伦说。

“士季这件事我和莫明族长会跟精灵族接触、了解。”利夏说，“你们几个只需要关注去探访魔力种族的事，这件事非同小可！”

利夏一提到“莫明族长”四个字，萝铃、纪伦和金格就不约而同的有所联想，都出现了一些异样的神情，既想要开口说些什么，但又不敢说出口。壹索锐利的目光似乎一直在打量着他们，不可能没发现他们的这种异常；而他们的异常如此显而易见，利夏也能轻易地捕捉到。但打开天窗说亮话的却是利夏。

“你们昨晚上都看了莫明的电视讲话，对吗？”他问道。

萝铃、纪伦和金格纷纷点头，都没有言语，似乎都是不知该使用什么样的言语。

“有些事很复杂，说来话长，以后会好好跟你们解释清楚。”利夏轻声说，就好像在自言自语，“你们三个回宿舍收拾一下，壹索会带你们回家。我还得回云霄大厦，还有好多事要处理呢！”他末了一句话的语气显得如此沉重。

萝铃、纪伦和金格都发觉了这种沉重感，都不敢再言语，似乎都害怕任何一句话都会增加利夏的负担。他们遵照利夏的吩咐回到各自的寝室里收拾行李。

萝铃怀着急迫的心情，所以没有跟她最知心的朋友详细说明情况，只是敷衍地说很快会跟他们联系。被隐瞒的感觉对于大冬而言实在不好受，他一直紧跟在萝铃的后头追问。而被追问不能说明的秘密令萝铃的心情烦躁，就像赶苍蝇似的不停挥手示意大冬远离她。当太阳能车载着她远离朋友灼热的目光后，她如释重负。但只是一方面的负担被卸下了，另一方面的负担更为沉重，她不知是否能够靠她自己的力量卸下。

不能逃避！充满艰险、惊心动魄的旅程开始了！

第十四章
一个叫“”的小镇

一支临时的队伍，随时都可以更换，也可以减少和添加，只有一个人必须要走完全程，那就是萝铃。她看到大家都准备停当，但还是一副好像缺少了什么却又想不出是什么的样子。她是否缺少什么她自己也说不清楚。一切的缺少中最重要的缺少往往是隐而不显的，而这只有实际需要时才会露出来。这是壹索的理论，所以只有他一人显得镇定，并没有什么需要准备。不过，有一种感觉她是强烈的，即冒险家的兴奋和紧张。激情的全部逻辑在她耳旁尖叫：现在是时候了！不必再拖延时间了，马上去实现一个理想吧！考虑到太多人多么需要她的征程而获得美好，她一刻也不能耽搁了。她甚至可以想象到她创造丰功伟绩的未来。

他们要尽可能地寻找名里先生遗留下的足迹。这是成木长老的指示，也是壹索的计划。沿着这条名里先生寻找秘方的路线走，能让他们事半功倍地达到目的地。于是，他们从茉莉花岛开始起程。

这世上最了解名里先生足迹的连全没能及时加入他们的队伍中，但他提示第一站是茉莉花岛外一个叫“”的海边小镇。第一站就引起了冒险家们很浓厚的好奇心。多么奇怪的名字啊！

他们飞越大海，不到半小时，进入了“”小镇的领空。

萝铃的理解是，一个有谜一样名字的地方，一定是一个神秘而奇特的地方。然而置身其中时，她并不觉得这是一个与众不同的小镇。这是热带洲普通的小镇，镇上的人、风土、建筑和其他小镇没什么不同，唯一让第一次来到此地的人惊异的是立在小镇海边的一块大石头。光滑的石头上刻着一个双引号：“”。

“原来真是一个叫做双引号的小镇。”他们抚摸着那个凸出来的符号。

“估计是千年前那个想要在双引号内添加文字的人因某种特殊原因没能添进去。”萝铃这样理解。她也跟着用手摸了摸这种“突出”的感觉。

“几千年来这么多人摸，怎么还不消失啊！”金格感叹，但还是忍不住伸出了魔爪。

在他们之前和之后许多人都给予这个符号一种表示惊奇的目光和抚摸，但那只是很突然的感觉，之后，人会慢慢把什么都放下。人对自身生活以外的事物理解不多，不会仔细追究，很容易遗忘，渐渐把曾经引起强烈求知欲的事物当成了理所当然的存在——不需要答案的存在。

“哦，就是叫这个名字。”

“谁知道为什么是这个符号！”

“管它哪，反正有名字就行。”

“几千年前的事知道的人都死光了！”

……

镇上的人几乎都是这样回答外来客。

名里先生在这个平常的小镇里寻找到了什么呢？他们要在这个平常的小镇里寻找什么呢？不约而同的所有人都认为小镇里唯一奇特的地方——双引号——才是秘方的其中一块拼图。

从清晨到傍晚，他们几乎将整个小镇审查遍了，和那些他们看到的和岁月打过很长交道的、白发苍苍的人交谈，可恨的是筋疲力尽的同时

是一无所获的沮丧。可是，他们不能放弃，必须要找到那块必然是关键的拼图才能离开。他们决定在一个较为干净舒适的酒店里释放随着黑夜一起来的疲惫。他们要了四个房间。萝铃和月使一间，纪伦和金格一间，壹索和日使一间，易克和马克斯一间。而两只狗被壹索安排在纪伦和金格那间房的地板上。

对于月使，萝铃心里有恨，加上身体劳累，所以不愿意跟她说一句话，只是坐在床上盯着她在镜子前卸除脸上的伪装。当属于萧非的一股魔力气息像毫无预兆的影子出现时，她吓得眼睛瞪得不能再大了。这个表情引起了月使的误解。

“难道我卸妆后这么可怕吗？”月使竟然用带着笑容的表情问这么一个可能会伤心的问题。

“哼，你卸不卸妆都一样可怕！”萝铃加重语气说。

月使不仅一丁点儿也不伤心，甚至笑得更灿烂了。天啊，这个人是没有七情六欲的吗？天啊，这个人怎么不见一丝皱纹，是妖精吗？不过，萝铃可没太多时间去内心感叹，有一个和妖精差不多的灵魂正快速地靠近她，想要与她沟通呢。她一下子倒在床上，盖上被子。

“我很累，要睡一会儿，没事别烦我。”她用不容忽视的口气说。

“难道你不想听我讲晓晓的事吗？”

啊，她在诱惑！萝铃虽心里清楚，但还是克制不住地转身望过去。可恶！她的视线被一股魔力冲击着。她脑海里出现了一张女人的面孔。这个五千年前的女人也像个妖精，面孔还是令人赞叹的年轻和美丽——虽然明知是虚假的存在，还是不得不惊叹。

“怎么，不想听吗？”月使对萝铃的沉默这样理解。

“不听，反正你肯定说的都是些假话。”萝铃最终克制住。她觉得应该抓住的是眼前的真实，而不是不知是真是假的语言诱惑。

“好吧，你就睡吧，等要吃饭时我才叫你。唉，晓晓要是知道你这样不关心她非伤心不可！”

虽然看不到月使的脸，但萝铃可以肯定是一张笑脸，而不是真诚地表示遗憾的脸。如果将别人的慷慨当成欺骗，那么就不会因得不到而失落了！

她闭上眼睛，摆脱束缚的躯壳。

“你为什么在这里？你在跟踪我？”她生气地质问。

“噢，你怎么可以这样责备你最真诚的合作伙伴呢？”萧非委屈地说。

又是一个善于伪装的女人！“好吧，真诚的合作伙伴，你为什么来呢？”萝铃尽量让自己显得和颜悦色和有耐心，“并没有什么你可以帮忙的。我现在怀疑和你合作是正确的决定。那天我只是太沮丧、太难受了——当时我受伤了！”

“为什么还没开始就否定呢？其实人在受伤后才知道什么是最需要的！”萧非是既渴望又怜悯的目光。她想触摸萝铃的脸，但被坚决地拒绝了，“你让我想起了我年少的时光……”她颇为感触地说，“我时常在想，如果人生重头再来，如果回到年少的时光，我还会做出一样的选择吗？可无论我怎么深度思考，无论过了多少千年，我依然是一种矛盾的心情。”

“因为你是个坏人，我是指你没意识到做坏事是不对的。如果你是个好人，你就不会有矛盾的心情。”

“那你呢？你是个好人吗？你没有矛盾的心情吗？”

萝铃一愣。是呀，同样的问题如果是她来思考、来回答呢？她相信有生以来从未做过很坏的事导致她被定义为一个坏人，可以算是个好人。但她从未有过矛盾的心情吗？答案是否定的。

“不，我没有矛盾的心情，我一直在做一个好人。”她说。

“谎言！欺骗！”身旁的紫眼灵魂如此不留情地指出。不让人好受的透视！有点儿痛苦。

“是吗？”萧非表示怀疑的目光，“现在我想做个好人了，或者说试着去做一个好人。我来提供帮助了。”

“好吧，既然你想提供帮助，那么请问：你知道这个小镇为什么叫双引号吗？”萝铃不抱有希望地问。

萧非笑了。一种得意的笑，一种知道真相的笑。

“你知道？”萝铃立即抱有希望了，“这倒也是，你是五千年前的人，也许真知道。”

“我不知道。”萧非回答，“我是一个虚假的灵魂，虽复制了人生全部的记忆，但有些是模糊的。”

萝铃不是失望，而是生气。“那你笑什么笑？”

“我笑是因为我知道谁知道。”

还没走远的希望之神迅速返回赶走了失望之神。“谁？”萝铃眼睛放光。

“这个‘谁’估计已经死了。不，是肯定已经死了，连我都死了五千年了。但我知道我是在哪儿找到了这个‘谁’，我可以带你过去，说不定你可以在那个地方找到属于你的‘谁’。”

天啊，这可不是令人开心和满意的答案和帮助！不过，最起码有了一条线索。于是，萝铃和想要、试着去做好人的萧非约定好了，接受了她的帮助。萧非还想要她继续陪伴，可她不想也不得不拒绝，因为她的躯壳已经被摇晃有一会儿了。

当她睁开眼睛时，看到月使紧张的脸。哦，这个女人也有这种表情呀！

“天，我还以为你死了呢！”月使笑道，“差点儿就要去叫壹索过来帮我抬你去葬。”

萝铃坐直身子。“哼，我是在试探你是不是真的要拿我去葬。”她丢出一个饱含讥讽、满怀憎恨的眼色。

“你这孩子真是的，我有那么让你仇恨吗？”月使笑道，“走吧，去吃饭。再不出去，壹索以为我谋杀了你非冲进来杀我报仇雪恨。”

酒店有两个餐厅，一个大，一个小，他们选择了虽小但人较少的那个。萝铃伺机把和萧非的约定告知壹索。令她意外的是，壹索毫不犹豫地认同了这个约定。也许是别无他法，只能勉为其难；又或者是他一直把和萧非合作的协议放在心上。

“哟，月使小姐卸了妆还是很漂亮嘛！”餐桌上，金格一副讨好的样子。

月使立即眉开眼笑。“是吧！还是金格少爷诚实，不像某些人口是心非。”她瞟了萝铃一眼。

“这个餐厅里最口是心非的人就是刚刚夸赞你的那个人。”萝铃真的很想打击这个爱笑的女人的自尊心。

“别这样嘛！我们可是一条船上的人了！应该团结友爱、坦诚相对。”金格用劝导的口吻说。

又是一句口是心非的话！不过，她没心思去辩驳。萧非的阴魂不散，正坐在旁边的空桌上冒出并不强烈的魔力气息，想象中她正在盯着她，搅得她心烦意乱。

那是个灵魂，没有了躯壳，不需要补充热量，永远冷冰冰的。她对餐桌上热气腾腾的东西不感兴趣，只能百无聊赖地等待。当她等待的人都补充足了热量，就要起程时，她立刻绝妙地变换成了神采奕奕的姿态，似乎行动才是她真正需要的热量。

她兴奋的声音在萝铃的耳边指挥。然后，萝铃依据她的指挥来指挥队伍。

他们一行八人、两只狗在虚假的灵魂引领下，离开酒店，进入小镇的夜色中。他们越走越远，小镇的热闹离他们越来越远，进入了幽静的海边。

“我说，你灵魂的记忆没错吧，怎么到这荒无人烟的地方来找人呢？”金格说。

“你如果怀疑就不要跟着来呀！”萝铃不耐烦地说。其实她自己也正焦躁呢，但又不能在墨夷家族人面前责问引路的虚假灵魂。不过，她可以利用目光恶狠狠地射击。

“没错，绝对没错，我记得没错。”萧非慌忙解释，“这里原来有个小村庄，都是些贫苦的渔民。不过，却有一户很有钱的人家在这里盖了一栋很大的别墅——一栋在那个时代不可能会出现的别墅。”

萝铃立即传述。

“我们就在这儿找吧。”壹索的语气就像是下命令的将军。

队伍里没有任何人提出异议，即使是爱贫嘴的金格也不敢再张开嘴。海岸线很长，但月使不同意分开搜寻。显而易见，萝铃是绝对不能离开墨夷家族人的视线。不过，他们都可以飞翔。萧龙种族拥有魔力不再是秘密，即使有人认出了他们是谁，也不会对他们的魔法感到奇怪。

萧非记忆中的小村庄不复存在，因为这里不再有贫苦的渔民。在她当女王的时代，她已经帮助他们摆脱贫苦的命运，进入了热闹繁华的世界里。其实，她也曾像个好人一样做过好事，只是她那复制而来的记忆如她所言是模糊的。突然，她模糊的记忆里有那么一小块地方变得清晰起来，也许是现在的海水还是如那时一样清澈的海水，帮她冲刷掉了厚厚的岁月尘土。

“就在那里！”萧非高兴地尖叫。

萝铃也学着她的样子高兴地尖叫。她紧跟在那股没有形体的魔力的背后。其他人紧跟在她的背后。他们飞到了有双引号的石头面前，但没有驻足，还继续往前飞。约过了二十米远，他们就看见了一栋真的是那个时代不会出现，而且现在这个时代也不会出现的别墅。

“这可不是个别墅，而是个石洞！”纪伦虽想隐藏住，但还是透露出一点点无奈，“白天就见到这个洞，如果你早说清楚，我们早找到了。”

“我早就怀疑你的记忆有误，但没想到错得这么离谱，竟然把一个石洞当成了别墅。连鬼鬼都不会犯这样的错！”金格不停地摇头。

“难道那个时代的人都把别墅建成石洞的样子？”马克斯说，“这可不是享福，而是拿钱找罪受！”

“是呀，是呀，我就是个傻瓜，竟将石洞当成了别墅。你们今天突然变得好敏锐嘛——白天就发现了。”萝铃气得直冒火，但又不能发泄在罪魁祸首身上。整个队伍只有壹索理解她。

可壹索却没有吭声，直朝着那个被虚假的灵魂当成有钱人家的别墅的石洞走去。事实上，除了金格和马克斯还是贫嘴个不停外，其他人都是默然地行进。

虽说把石洞当成别墅是十分愚蠢的，但的确是个很奇怪的石洞。它就是挖掘出一个洞口的巨大的、光滑的石头，十分孤独地耸立在海边，而且更奇怪的是被又高又厚的围墙包围着。所以，从他们的位置望过去，他们只看到了露出围墙的一小段洞口和石头的顶端。当距离越来越近时，他们就发现面对他们的那一面围墙没有开口；于是他们绕着围墙走了一圈，结果十分震惊地发现围墙根本没有出入口。

“太奇怪了，竟然没有入口！”热衷于沉默的日使也忍不住抒发出情绪了。

“会不会这个石洞被政府封住了，不给任何人进入？”月使看着壹索。

壹索一副看不到也听不到的样子，专注地打量着围墙和冒出围墙的石头顶。不知是夜晚光线暗淡的关系，还是被设计的，那一小截洞口是一片漆黑。

“要不我们飞越围墙进去？”易克提议。

金格转过身来。“麻烦你问问你的记忆，我们怎样进别墅？”他一本正经地看着萝铃。

萝铃狠狠地瞪着他。“请问我的伙伴，我们怎样进别墅？”她大声叫道。

“你竟然把你的记忆称呼为‘伙伴’！”马克斯一惊一乍。

“怪不得把石洞当成别墅！”金格十分明显的揶揄。

“我高兴！”萝铃装出不以为然的样子，“伙伴，快点儿告诉我！”这一次她狠狠地盯着萧非。

萧非终于知道这个问题是给她的，连忙回答：“我可不知道！那个时代根本没有围墙，就只有这个别墅。什么时候建了这么奇怪的围墙？”她在思索。

该死的，都在眼前了还叫成别墅！萝铃心里十分不畅快地咒骂。由于她的目光和投射的方向有点儿奇怪，引起了纪伦的好奇。

“你问你的伙伴怎么样了？”他指着萝铃目光的方向问。

“我心情不好，希望你不要加入捉弄我的队伍里。”萝铃郑重地提醒。

“不是捉弄，而是好奇。你干吗盯着一个没人的地方看？”

“纪伦，别烦她！”壹索的注意力终于转移了，“萝铃，怎么样？”他并没有看萝铃，反而看的是萧非。

哼，壹索也盯着一个没人的地方看了，怎么就没人捉弄他呢？还不是因为惧怕他！萝铃很不满。但这种不满只有往肚子里咽，自己承受。

“她说以前根本没有围墙，只有那[illegible]石洞……”她急切地更正。但仍不幸地引起了金格和马克斯的哈哈大笑，甚至连一只小狗也在窃笑。她既生气又无奈地跺起了脚。

壹索的脸立即阴冷起来。“你们是不是想到海里冷却一下热情？！”他的威严就像人心的开关，笑声骤然关闭。

“唉，我们在办正经事，可不可以麻烦你们俩正经点儿！”纪伦叹道。

“当然！”金格正色，“对不起，萝铃！你接着说吧。”

“小孩淘气就罢了，你这个老不死的也淘气。”月使笑看马克斯。可惜“老不死”不当一回事。

一声道歉立即让萝铃心情畅快多了。“只有石洞，没有围墙，不知是什么时候建的。”她说。

“那只能照易克的提议，飞进去了。”日使说，“壹索先生觉得呢？”

壹索点头。“嗯，我们飞进去。”

人坐在飞行棍上，小狗坐在龙狗背上，都朝着围墙飞去。只有那个虚假的灵魂最为轻松，根本不需要任何飞行器的帮助就可自由飞翔。

飞越围墙后，让他们感到震惊的不是围墙足足有七八米的厚度，而是洞口。不，那不是真正意义上的洞口，而是一个房门口。其实就是被挖掘出来的洞口镶嵌了两扇闭合的巨大的、黝黑的木门。

“就是这个，就是这个，”萧非激动地叫起来，“就是这个别墅！”

萝铃被惹恼了！“别再叫成别墅了！”她喊道。

这一喊可不得了了！即使真的会被壹索扔进海里，也实在忍不住要爆发出笑声了。不过，金格、马克斯和林德虽哈哈大笑了，但都警惕得离壹索远远的。唉，连纪伦也笑了几声，连日使和月使也露出了微笑，连对她忠心耿耿的千乘也无奈地叹气，甚至连最不可能嘲笑她的易克管家也在极力控制着嘴边的笑意，特别是连她自己也很想要笑出来。只有壹索一人是最自然不过的脸，因为他很清楚这一喊是为什么出现的。

“说不定真是个别墅呢！”壹索竟然用这么一句话回应众人的笑声。

“嗯，说不定别有洞天啊！”日使认同。

“可惜没有安门铃。”月使的目光在木门上搜寻，“看来只能动手了。”

出乎意料的是，她刚抬起手要敲门，木门就咯吱咯吱地响了起来。她被吓得缩回手。她身后的目光被紧紧吸引住了。

咯吱咯吱，木门正在缓慢地从两边打开。沉默地期待。紧张的心情。纹丝不动的目光。啊，出现了！看见了！站在两扇门之间的是一个瘦削的

老头，身上的黑衣服几乎与黑夜融为一体。

“干吗在人家的门口大吵大闹的？”老头十分不悦的脸，“快点儿滚，不然我就报警了！”

啊，竟然被当成扰民的浑蛋了！不不不，赶紧解释！三个孩子和一个老不死争着说话：

“不是……”

“我们……，”

“其实……”

“老爷……”

“‘不是我们其实老爷’什么？”老头不让解释，“快走！快走！”说完，他准备关门。

“老爷爷！”月使甜得发腻的声音唤道，笑盈盈地按住木门，“您别生气！”

老头皱起了眉头，使劲用力的样子。看来，他和月使两人，一个使劲往外推门，一个不太使劲地往里推门。

老头很快就放弃了使劲。“你这小丫头力气倒挺大的！”他盯着月使瞧，“我不生气，但你们赶紧离开这里。要是我生气了，是绝对会叫警察来抓你们的。”

“警察也拿我们没办法！”月使笑得更灿烂了。

“什么人能让警察也没办法？”老头不以为然。

就在月使和老头你一句我一句时，壹索叫萝铃询问萧非是否认识此老头，结果萧非坚决地说不认识。其实问了也白问，如果萧非认识，那这老头就是五千多岁了，要成仙了，那非吓死人不可，别提去寻找秘方和拜访魔力种族了。

“老爷爷，您是哪个种族呀？”月使问。

“魔族。”老头有点儿不耐烦地回答。

“哎呀，真是巧了，我们也是魔族人！”月使突然说出了一句让她身后的人都大吃一惊的话，“可是，您竟然是魔族人，怎么会不认识他呢？”月使一脸不解地说，并指了指壹索。

“他是谁？”老头打量着壹索，但始终是疑惑的神情。

月使回头朝壹索一笑。“哎哟，这个星球有人不认识你已经很奇怪了，超级稀奇古怪的是竟然还有一个魔族人不认识你！”

壹索冷漠的脸毫无一丝波动。

“难道他是魔族的族长？”老头问，带着一丝惶恐，“可是魔族的族长会这么年轻吗？”他接着问，带着一丝质疑。

“他呀，是未来的魔族的族长！”月使用肯定的语气说，“请问您老人家欢不欢迎未来的族长进您家做客呢？”

“‘未来的魔族的族长’的意思就是现在不是族长了？”

“老头，意思是将来一定会是。如果现在的族长老了或者死了，他就是了。”马克斯急不可耐地说。

结果这种急躁引来了壹索欲要穿透他的心脏的目光。

“不过，现在这个可强壮了，估计很难很难老，也会活很多很多年。”他急忙补充。

“唉，你不会说话就不要插嘴嘛！”金格叹道。

谁知老头忽略了马克斯和金格的话，直接回答月使：“如果是我的家，我当然欢迎未来的魔族族长到我家做客。可惜这不是我的家，是我主人的家。我得去问问我主人是不是欢迎未来的族长进来。说不定他觉得现在这个得活很多年，未来这个也不知什么时候才能当得上，也就不乐意让未来的这个进门了。你们在这儿等等……”说着，他再次要关门。

月使连忙再次拦住。“老人家，不管您的主人乐不乐意，请您得一定出来说一声呀。”

“那是当然！”老头瞪了她一眼，“我们又不是没素养的人家！”

月使尴尬地一笑。“是是是，那就麻烦您了！”

木门在老头的推动下，咯吱咯吱地关上了。

在等待老头通报主人的期间，不喜欢说话的自然不会觉得时间漫长，喜欢说话的可一分一秒也安静不下来，于是，“扰民的浑蛋”再次现身。

“我说呀，幸好月使小姐跟着我们一起来，不然，面对这种老头还真不知该如何应对。”金格虽不是讨好的样子，却是讨好的言语。

“哼，她那些话谁不会说？”马克斯不认同。

“会说是会说，但可没人家那张漂亮的脸蛋。”金格不屑的目光掠过老不死的脸。

月使顿时乐了，笑容满面。

这使得萝铃不高兴了，板起了脸。总而言之，这个夺走了她珍贵友情的可恶女人在她眼里就是个丑八怪。虽然她内心深处不是这样认为，但一直被她打压在深处，一丁点儿苗头也不让冒出来。

“哼，她那张漂亮的脸蛋是用很多粉来抹、用很多颜色来画出来的。”她也表现出不屑。

“我说呀，你这张凶巴巴的脸无论怎样抹、怎样画都不会漂亮。”金格说，“你要学学月使小姐，经常笑。”

“只有精神病患者才经常笑！”马克斯说。

这回是萝铃和纪伦被逗乐了！呵呵地笑着。

林德像是要引起注意似的突然咳嗽了几声，然后说：“真弄不明白一个五百岁的老头和一个十五岁的孩子斗嘴有什么意思？”

马上，马克斯一手抓住小狗脖子的毛发。小狗突然远离了地面，惊慌地四只小腿乱蹬。

“小心我拿你去炖了吃！”五百岁的老头威胁道。

“萝铃！”林德求救。

“马克斯，你立刻放下他！”萝铃命令道。

马克斯先是恶狠狠地瞪了手中的小狗一眼，然后才听从命令放下小狗。四只脚着地的小狗立即跑到了保护伞里。

“真是的，你就好好当只狗，不要乱说话，就不会惹麻烦了！”纪伦劝导。

“是呀，是呀！”龙狗千乘连忙附和。

可惜林德和马克斯一样，是不能不唠叨的百年老头。“我和你不一样，我是人，不是狗，嘴巴不用来说话难道要用来啃骨头吗？”林德责骂千乘。

月使原本笑眯眯地看着和听着小孩、老头和小狗，这时突然转脸面向壹索。“未来的魔族族长，您长年跟这些活泼好动的小孩、老头在一块儿，怎么就不见有点儿变化呀！”

壹索依然冷漠不为所动。

这时，木门咯吱咯吱地响了。骤然，谁的心思都放在眼睛上，而不是嘴巴上了。

“我家主人很乐意未来的魔族族长进来做客，所以你们请进来吧。”老头说，做了一个表示他那句话的意思的手势。

这下子是所有人都乐了！刚才通过嬉笑怒骂来掩饰的担忧顿时消失了。

在进门后，老头开始了自我介绍。他名叫长鱼，是双引号小镇上的人，今年已经一百八十一岁，而在这个石洞里服侍主人有一百六十一年了。

当他们进到石洞里以后，他们就发现他们真的错怪萝铃了，而萝铃也发现她不该向萧非发脾气了。那的确是个别墅！一个石洞外形的别墅！

先是穿过一条幽暗的走道，然后打开一道门，最后就看见了一个石块和木头组合建成的奇特大房屋和一个美妙的小园子。其实是个很小很小的园子，几棵树点缀在各处，一条小路通向围绕园子的游廊，两侧是绿草地、花朵簇簇，还有一泓碧绿的湖水。而美妙的是，没有阳光的室内，这些自然界的美丽生物竟然活得那么神采奕奕。

“果真是别有洞天！”日使感叹。

老头走在前头，他们紧跟着，走过小路，走进游廊。老头在一个房门上敲了两下。

“进来。”一个苍老的声音。

老头便推开房门。

以为是个客厅或是会客室，谁知却是个书房。很简易的摆设：两个大书柜，一张书桌，一套沙发，两张茶几，几把椅子。又是一个老头！不过，是个坐在轮椅上的老头。

“请进，请进！”轮椅上的老头憔悴苍白的脸上带着笑容，“身有不便，请谅解！”

月使率先带着甜美的笑容进入书房里和主人寒暄。其他人在仆人的引领下也入室安坐。然后仆人说一声：“我去叫老太婆准备点心茶水。”便离开了。

月使和别墅的主人热心地交谈。别墅的主人了解了客人中哪位是未来的魔族族长，而客人们也了解了别墅的主人名为“车非”，是隐居在石洞别墅里多年的魔族人。

“原来这位就是未来的魔族族长！”车非认真地打量着壹索的脸庞。幸好，壹索在进屋后就藏起了冷漠的本色，换了一张较为温和的脸，“请原谅！我隐居多年，家里没装电视，平时看的都是报纸，所以不知道现在的族长长什么样，更加不会知道未来的族长长什么样了。”

“其实呀，魔族族长和未来魔族族长这父子俩不仅很少上电视，也很少上报纸，你不认识可以理解。”月使说。

一个老太婆端着点心和茶水走进了书房。也许是由于她的沉默态度，书房里突然寂静起来。直到长鱼也跟着进来，才又出现了声音。长鱼说老太婆是他的妻子——长梅，曾是个哑巴，所以沉默不语成了改不掉的习惯。其实她不是天生的哑巴，八岁前是可以说话的，八岁那年某日就突然不再开口说话，不知是得了查不出来的怪病，还是受了某种心理打击。长梅虽是哑巴，但贤惠善良，所以长鱼不仅一点儿也不嫌弃，反而非常喜欢她。他原本以为长梅这辈子不可能开口说话了，谁知天降奇迹。一百三十多年前，一位老人也如此时坐在书房里的客人们一样突然光临石洞别墅，不同的是这位老人很有礼貌地敲了门请求入内。老人和车非聊了一会儿，饶有兴趣地看了房屋和小园子一会儿，就突然说有办法治好长梅的病。治病的方法有点儿奇怪，即老人要求和长梅两人待在书房里谈话，不许其他人在场。约两个小时后，长梅走出书房，奇迹般地就开口说话了。至于老人和长梅在书房里谈了什么，老人临走前并不说明，而一百多年来长梅也不肯告知。

“长梅奶奶已经可以开口说话一百多年了，现在还不习惯，还如此寡言少语呀！”纪伦感叹。

“是呀，是呀，真是失礼了！”长鱼笑道，不像是道歉，倒像是在笑话妻子。

了解了长鱼和长梅的故事，接下来就要了解别墅主人——车非——的故事了。月使尽量以一种毫无目的的闲聊的轻松方式打探车非。大家都是一副倾听的模样，却有一个人一点儿也不感兴趣——壹索突然离开座位，走出书房，进入小园子里。几分钟，他突然魔音传递给萝铃一个指示：

“萝铃，出来。”

突然在耳边响起来的魔音让萝铃吓了一跳，而不容违抗的命令也让她吓了一跳。她简直就是像座位着火了一样猛然起身。立即，几道诧异的目光投向她。幸好，车非正沉浸在先人的时代里，并没发觉她的异常。

“怎么了？”

纪伦、林德和金格都极小声地问出了这个问题。

“没事。”萝铃摇头，“我想出去看看园子。”她轻手轻脚地离开书房。

壹索正站在草地上，一脸专注地盯着如镜的湖面，或许是湖水吸引了他，也或许是他在思考。

“怎么了？”萝铃走到他旁边。

“你的伙伴没说什么吗？”壹索问，但目光还在湖面上。

“没有。”萝铃皱眉。她前脚走出书房，萧非就后脚紧跟，真的是被鬼魂缠身了，“如果她认识车非，一定会大叫：‘就是这个！就是这个！’可是她没吭声，你也知道的，不是吗？”

“不认识，不认识这个老头。”一旁飘荡的萧非说，“也不认识老太婆。都不认识。不过，认识这个别墅。就是这个别墅没错。”

“那你呢？你认识吗？”壹索再问。

萝铃不太明白。“你是问我吗？”

“嗯。”壹索最简单的回应。

萝铃不解。“我怎么会认识？我根本没来过这儿呀！”

“想象一下，你曾来过。和外面的景色、和海边联想在一起。”

壹索的目光凝滞，脸上一副忘我的表情，带有一种特殊的、不寻常的神秘色彩。

萝铃当然发现了，也当然很好奇，但她知道只有跟着这种神秘走才能了解神秘的原因。于是，想象，联想，一起……海岸线很长的大海，柔软的沙滩，石洞里的别墅，奇妙地生长在园子里的植物，完全不动的湖水……

一块巨大的石头冲破天空，急速地扑向一片海滩……

“啊！”她惊叫。好像有人在叫她的名字，但——

海滩上，一块石头出现了一个洞口，一个穿着黑袍的男子走了出来，跟在后面的是好多好多的黑袍人，那一张张面孔表明有男有女有老有幼……

黑袍男子站在海边，涨潮使他的下半身潮湿了。他的黑眼睛也是湿润的，望着似近却远的天空，望着似有际却无际的海面。一张稚嫩的面孔出现在他的身边。

“爸爸，你在看什么？”

“我在看天，在看海。在看天有多远，能不能发现我；在看海有多清澈，能不能洗净我。”他回答。

“爸爸，这是我们的新家吗？”

“是的。”他回答。

一只稚嫩的手一挥。一块石头出现了！“爸爸，你快点儿给我们的新家起个名字吧！”

他的右手朝石头挥了两下。两道魔光出现了！魔光消逝后，石头出现了变化：光滑的表面凸出两个相对的点。

“啊，这是地球的文字！是双引号！”

“是的。”他回答。

“为什么？”

“因为这是我们新的家，新的开始，我们要把它建造成原来的家。”他回答……

两个黑发蓝眼的少年沿着海边走了过来。老人看见了他们……

一个黑发蓝眼的少年手里拿着一本书沿着海边走远了。老人和一个黑发蓝眼的少年目送他……

一个黑发蓝眼的少年走进了一个石洞……

萧非走进了一个石洞……

一个老人走进了一个石洞……

这是想象吗？多么真实的想象啊！藏在心里。刻在脑里。浮现眼前。不是拿来，而是与生俱来。

“啊，我真来过！”萝铃压低声音表达她脑海中惊人的发现，“不，是他们都来过！”她补充解释。她看着壹索。

壹索也在看着她，用一种令她不解又感到害怕的冰冷又深沉的目光。不是熟悉的冰冷和深沉，是陌生的冰冷和深沉。她是个陌生人……

“来过，来过，我真的来过！”萧非在兴奋地鼓掌，“太好了！”

书房里的人都走了出来。

并不是徒劳无功地离开了石洞别墅。

返程中，不再是金格和马克斯贫嘴，而是月使在讲述。

车非的爷爷的爷爷的爷爷……总而言之，就是时间查证不了的车非的一位祖先，少年时来到了这个小镇的海边，当时身受重伤（怎么受的伤无数个爷爷都没有说明），遇见了魔力神。慈悲为怀的魔力神施展高超的魔法将少年身上的伤治愈了。其实石洞别墅是魔力神的住所，魔力神就是在这里面为少年治伤的。后来，少年伤好后，魔力神离开了，而把这个住所送给了少年。就这样，少年的子孙的子孙的子孙……直到车非这一代都住在这个石洞别墅里。至于这个小镇为什么叫做双引号，是谁在海边的石头上刻的双引号，就不得而知了。

从镇上的高空抬头望，星星还是同样的遥远而明亮。从镇上的高空低头望，人间还是幽静而黑暗。深夜里，街上行人寥寥，灯光也寥寥。这情景，这氛围，心不由得感觉失落了些什么，但不管如何费力地寻找，就是找不着。也许是一种想象，根本就是虚无。

“唉，折腾了一个晚上，结果是‘不得而知’！”金格哀叹，“早就说了，你的记忆有误嘛！”

“唉，一晚上不是到处跑，就是面对着老头老太婆。”马克斯哀叹，“一句话也不能说，点心和茶水也不好吃。拜托你好好跟你的‘伙伴’沟通嘛！害我们累惨了，还一无所获！”

“谁说一无所获？能见识一下这么一个石洞别墅，就是很大的收获。”纪伦说。

“这个石洞还真是奇怪得很，”林德说，“竟然在里面盖房子和种花、种草、种树，甚至还有个湖。没有阳光进去，这些植物怎么活呀？不过，在这么密封的洞里也不觉得闷，而觉得十分自然的凉爽。”

“你们得向萝铃道歉——的确是个别墅！”千乘为主人讨公道。

“劳累了一个晚上也没得到想要的答案，还要我向她道歉。”金格不满，“如果要道歉也得改天了，我累死了，没力气道歉了，只想着躺在床上。”

“你怎么有力气说个不停呢？！”纪伦也不满。

“都说了改天！而且她本人没有要求道歉，根本一点儿也不在意嘛！我看她也累得要命，耳朵根本没有力气听道歉话了。”

终于，酒店的面貌出现了！不用听哀叹和数落了！萝铃的确也累了，但不是没有力气听道歉话，而是觉得无须反驳和解释。这是大有收获的晚上。她知道了答案。她知道有人知道她知道了。

一个叫做“”的小镇，是一个新家，是一个开始，是原来的家的复制品。

开始了，然后呢？

第十五章 黄金锅，火柴棍

离开了一个叫做双引号的小镇，联系不到连全而不知名里先生的第二站，他们便决定就近拜访魔药族的总部——彭祖草药园。那是一个以魔族的创族人的名字命名、占地近万亩、被两座山夹在中间保护、种植了整个星球最多品种的草药的园子。

飞离双引号小镇约一个小时后，就到了一大一小的两座山——母子山——的上空，低头就可看见色彩缤纷的、闪闪发光的彭祖草药园。

在高空中，他们就隐约听到经过他们身旁的一些魔法师谈论着一件几天来在魔药族里发生的大事。“魔力石、长老院、强魔力者、发现了、严厉处分”等等这些十分吸引人的字眼钻入他们的耳朵里，引起了他们强烈的好奇心，去拜访魔药族长老院的愿望更加急切。不过，他们得先降落在一个市场里。他们缺少些什么在实际需要时冒出来了，那就是伪装成魔力神信使的道具。遁世隐居的老头、老太婆认不得未来的魔族族长，可见多识广的老头、老太婆就绝对认得了。在热闹的市场里，他们又听见了刺激耳朵竖起来的只言片语。

他们走进一个商场里购买黑长袍和面具。月使利用她的甜言蜜语和喜眉笑眼虏获了一个见色忘戒的魔药族长老院的工作人员。可惜的是这个工作人员还没忘乎所以，还是有所保留地来透露一些讯息。

自从去年巫术族公开水晶球的预言，信誓旦旦地说萧龙种族、魔族、魔药族、精灵族和巫术族都有强魔力者诞生，以及存在六个蓝色魔力石后，魔药族就很关注，并积极寻找。前几天，终于被找到了！拥有蓝色魔力石的是一个已经嫁给萧龙种族的魔药族人，而她的孙子很有可能就是魔药族人的强魔力者。不过，这位怀疑拥有魔力石的人矢口否认自己拥有蓝色魔力石和孙子是强魔力者。现在，魔药族长老院正在审讯和调查，最终结果还没出来。这个调查原本是机密，但不知哪个人悄悄地泄露了出去，所以才造成了整个魔药族在风言风语、捕风捉影的局面。

最后，不管月使如何倚姣作媚，这个泄了部分机密的工作人员就是不肯说出被怀疑者的姓名，月使一生气便凶相毕露地把他吓跑了。

"来得早，不如来得巧！成木长老真是算计得好！"月使很开心，"这个时候以魔力神信使的身份去拜访魔药族，必定能探听到蓝色魔力石和强魔力者的全部确切消息。"

非墨夷家族的那几个人可不这样认为。他们觉得其实墨夷家族早就知道了这个消息，所以才选了这个时候要求起程，可不是什么"算计得好"的预言魔法。不管怎么样，双方都得利，也就不揭穿和计较了。

他们都穿戴好黑袍和面具，吩咐两只狗躲在某处静候叫唤，然后就朝魔药族长老院的所在地彭祖草药园火速飞去。

彭祖草药园里有很多身穿彩布衣、头戴宽草帽的男男女女在低垂着头侍弄那些散发着魔力的植物，不见一人抬头望空。其实可想而知，时时刻刻都有魔法师穿梭过园，久而久之就司空见惯了。

魔族长老院坐落在母子山的母山山脚下、草药园的边上，是一栋五层木楼，雕漆在木头上的图案便是它面前的那些色彩缤纷的草药。

每层楼的走廊上都有两个威严的守卫。当八个黑袍黑面具的人靠近时，那十个守卫立即全身戒备。

“请通报一声，我们想见见贵院院长，有要事商谈。”被壹索推举出来的日使对一楼的守卫说。

两个守卫一愣，然后互视了一下。“请稍候。”其中一个守卫说，然后进楼内通报。

等候了几分钟后，跟着守卫一起出来的是一个身穿白袍的女长老。当与楼外的人距离拉近后，女长老就收起了审视的目光。

“请问各位是？”女长老彬彬有礼地问。

“这里不方便，可不可以让我们进去细说？”日使的声音自然而温和。

女长老犹豫了一下，研究了一下，才说：“请进！”

在女长老的引领下，“魔力神的信使”走进了木楼。

这个木楼除了窗户镶嵌着透明的玻璃外，任何地方都是木制的，连种植花草的盆也是木制的。进了会客室安坐后，发现给他们装茶水的杯子也是木制的。看来，魔药族人对植物真是情有独钟啊！

“请问穆利院长在吗？”日使问。

“穆利院长今天有事外出了。”女长老还维持着彬彬有礼的姿态，“我叫西钥，是魔药族的资深长老，各位有事可以跟我说。不过，可不可以麻烦各位先将面具脱下？”

日使望向壹索。壹索点了点头。

“麻烦西钥长老向穆利院长和宣于族长传达：魔力神信使来访。”日使一字一字清晰而自然地说出口。

西钥长老吃了一惊，有一会儿工夫全身陷于僵硬状态。

日使严肃地、甚至不容置疑地望着她，对她说：“穆利院长和宣于族长来了，我们自然会出示信物。”

西钥长老抬起两只手，一副不知该如何是好的样子，最后索性像在祈祷时那样交叉捏紧十个指头。她也许是在祭拜眼前的魔力神信使，也许是心里向魔力神祷告眼前的事物。显然，信仰的精神贸然显灵，让这个措辞优美得体、态度彬彬有礼的女长老的大脑和心灵飘出了身体，甚至越飘越远。

“西钥长老？”日使呼唤。

“啊！我……我……这就……”西钥就像掉了魂儿似的有些讷讷不出于口。

“麻烦长老去转告。”日使温和的声音似乎是想要镇定她的情绪。

西钥长老立即起身站出。“好！好！好！”她还倾加重语气说了三次同一个字。她僵硬地鞠了一躬，然后带着惊慌的表情疾步走出会客室。

当这位失魂落魄的女长老消失在会客室外后，金格和马克斯立即哈哈大笑起来。萝铃和纪伦虽未如此夸张，但也有轻声笑。不过，这种嘲笑声由于非因时制宜，所以不被许可。

“正经点儿！”壹索说。虽看不到他的面具里的神情，但谁也不敢挑战不是严厉的态度。

“这位长老真是个虔诚的信徒啊！”月使难得露出正经八百的神情。

“虔诚发现了欺骗，就……”壹索说。

“就也把欺骗当成了神圣。”月使接话，“这就是信徒，壹索先生。失去了信仰，信徒是会崩溃的。所以，信徒是绝对不会允许失去信仰，也就不会允许会令信仰失去的欺骗来‘欺骗’。”

壹索不再说话。月使似乎把想说的话都说完了，也不再说话。日使和易克都是沉默之徒。而三个孩子、一个老不死和两只狗不敢说话，因为担心说出的话会刺激到壹索阴冷和深沉的目光。

其实，这种多因素组合而成的沉默并不持久，很快就会被不容于这个组合的因素打破。从声音可以判断，打破沉默的因素是急躁性的。西钥长老和她带来的两个人都是脚步急促地走进了会客室里。他们脸上表现出他们的内心是渴望的、紧张的、兴奋的……正如月使所言，虔诚的信徒会把信仰的精神整个当成神圣的，甚至包括欺骗。

“让信使久等了，实在抱歉！我是穆利，魔药族长老院的院长。”一个诚惶诚恐的老人。

“我是宣于，是魔药族的族长。怠慢了信使，真是罪该万死！”一个惊恐万状的中年男子。

“你们都请坐吧。不需要太过拘礼，也不需要如此不安。”日使的声音依然温和。

“是是是，谢谢信使开恩！”宣于族长一边紧张地回应，一边示意两位长老和他一起坐下。

他们坐着和站着没什么区别，依然局促不安。虽未能看清面具里的面貌，但可以想象，除了个别人，都是些鼓腮忍笑的面孔。

不过，穆利院长倒还保留一点儿理性。“请不要见怪！这是和第一次来访的信使的约定。请问信使可以出示信物吗？”他小心翼翼地问。

这时候，不再由日使来回应，而是壹索。“当然，这是当年信使的约定，也是魔力神的规定。”他沉稳地说。

壹索的一只手伸进黑长袍里，伸出来的时候手中多了两样东西：闪着光芒的两块蓝色魔力石！

“啊！”

宣于和西钥都惊愕地叫出了声。而穆利是惊喜的脸。

“是的，是的，真的是蓝色的魔力石，和当年的信使描述的一模一样！”穆利感慨，“真的是魔力神的信使光临了！”

这种情景，有点儿虚荣心的人自然得意扬扬、沾沾自喜地享受着。可也有人觉得是不好受的煎熬，简直是目不忍视，耳不忍闻。

“族长，院长，长老，我们只是很平常的来访，来了解些情况，希望你们能配合。”壹索想要十分快速地进入正题。

“当然配合，绝对配合！”宣于郑重地表示。

“这一次信使的来访来了好多人，上一次只有两位……”穆利一副不解的样子，不过还是很恭敬。

“上一次信使的来访是穆利院长接待的吗？”月使问。

“不，是上一任院长接待的。我接任时，前院长详细地跟我说明了信使来访的情况，并叮嘱，下一次信使再来访，一定会带有两块蓝色的魔力石，并且是一模一样的。还有，辨别信使真伪的最主要的一个方法就是，信使只要接触了魔力神赠给魔药族的信物——黄金锅，就可说出只有魔力神和魔药族才能知道的魔药族的秘密。”

看来穆利保留的不是一点儿理性，而是根本没有失去过一点儿理性，或者是丢失的理性被他很快找回来了。一番话后，取代神摇意夺显示出来的是一种异常的沉着。可以断定这个魔药族的领导者最后下了决心要墨守成规。虽然他说话依然客客气气，尽管神情依然恭恭敬敬。作为领导人，穆利院长显然比宣于族长称职和可靠得多，在紧要关头显现出了镇静、威严和理智的风范。

这一番话可让萝铃不沉着了。虽然她不知道别人是否和她一样心慌了，但她也不是很想知道别人的反应，因为别人的反应其实不重要。重要的是她认为自己是主角，而别人也认为她是主角。她望着壹索，希望他的脑袋就像一个智囊团一样，许许多多灵光闪现，能为她出谋划策！

“院长觉得有这个必要吗，在你眼前的可是货真价实的两个蓝色魔力石哦。还需要其他完全没必要的鉴定吗？”月使似乎也着急了，十分迅速地回应穆利的谨小慎微。

可紧接着她的话出现的话绝对让她想不到。从她的目光中可以捕捉到她愕然一惊。

“当然，这是一定的，不然谁都可以冒充魔力神的信使。”壹索坚决道，“何况萧龙星球已经出现了六块蓝色魔力石，如果让黑魔法师利用来进行不法活动，受伤害的不单是魔力种族，连魔力神的神威也会受损。其实，信使的来访主要的目的还是检查魔力神的信物是否被保管完好。所以，院长，请拿出黄金锅，并安排一个房间，我和这位信使会细心检查。”他的手指向萝铃，“之后，我们既完成了魔力神交代的任务，而魔药族也证实了我们的身份。”

魔药族人因这段话喜上眉梢，其他魔力神信使为这段话百思不解。唉，希望真有魔力神保佑，最后是皆大欢喜！萝铃心中暗暗祷告。

十分快速地，穆利和宣于离开会客室，去安排魔力神信使要求的事项。落单的西钥长老孤掌难鸣，显得十分不安，时不时露出因尴尬和紧张而扭曲的笑容。不过，魔力神信使们可一点儿也不在乎她，而是在壹索那段肯定句的后面去掉句号加上问号，运用所有智慧解读和分析。

估计黄金锅就被保管在长老院里，仅约莫十分钟，穆利和宣于就返回汇报，供信使使用的房间安排好了，黄金锅也放置好了。

领会了壹索的眼神示意后，萝铃连忙起身。于是，两位被魔力神委任为检查员的信使跟着被检查单位的领导前往检查地点。

从房门上的显示牌看到，检查地点其实就是院长的办公室。外面有四个守卫把守。里面，使办公室里所有木制品黯然失色的是一个放置在一张办公桌上的闪闪发光的物体。

定睛细看后，萝铃有点儿失望。这个令她满心好奇和期望的魔力神信物看起来就像一个炒菜的锅。只是，它的体积显得小一点儿。只是，铸造它的材料是亮眼而有威严的黄金。不过，这个造价也许不会太昂贵的信物在魔药族人眼里却是无价之宝。这不，从办公室的所有窗户往下瞧，就会发现每个窗户底下都有四个守卫在把守。

“请两位信使慢慢检查，我们在门外等候。”穆利说，“如果有需要我们的地方，请叫一声。”

“好的，你们就在外面等吧。不过切记，在我们没叫唤之前，绝对不要让任何人进来。”壹索郑重吩咐。

“是的，绝对不会让任何人进来。”宣于很认真，就像是在宣誓。

当魔药族人都出去后，房间里只剩下壹索和萝铃时，萝铃的第一句就是心里憋得难受的话：

“你为什么那么肯定？要是不知道那个秘密就惨了！”

壹索不回答她的问题，毫不理会地靠近黄金锅细看，甚至连个眼神也没有。好吧，估计她是提出了一个愚蠢的问题，得到了不屑的回应。虽然她已经对黄金锅彻底失去了兴趣，不过，与其去研究那些千篇一律、毫无新意的木制品，还不如观赏黄金的光芒。

那简直就是个再简单不过的“炒菜锅”！大概把它敲碎或是熔化，也许会有那么一点儿希望找到秘密。唯一较吸引人的是黄金的光芒，但天底下的光芒再耀眼也没有容积隐藏秘密。好吧，就让这个天底下最稀奇古怪的人从天底下最不可能隐藏秘密的“炒菜锅”里寻找秘密吧。找到最好，找不到就跑，反正魔药族人不知道面具后面是何许人。

萝铃转移目光，投向也许会有点儿趣的书柜。真是无聊！都是制作魔药的书籍。可是，总要挑出一本来打发时间吧。《魔药制作大全》怎样？嗯，既然是“大全”，内容应该很丰富，应该比较能打发时间。好吧，就这一本。可是，她刚取出“大全”，就被派了任务。

“萝铃，你过来，摸着黄金锅。”壹索说。

“干吗？”她不解，把书放回原位。

“当然是要找秘密，不然我们怎么全身而退。”

“真要找呀！可是，摸一摸黄金锅就能找着吗？”萝铃差点儿想翻白眼了。

壹索脱了面具，用严厉的目光盯着她。“你到底是来干什么的？”

萝铃被吓坏了，连忙走到办公桌前，右手放进锅里。镇静过后的内心立即忏悔不应该如此心不在焉。她微抬头想偷偷探测壹索的表情，结果一探测又被吓了一跳，因为壹索正盯着她。

“你感觉到什么了？”他问。

萝铃深吸口气，“感觉到什么？嗯，好像没有……啊！”

她惊叫。一股莫名的力量迅速地从她的手心钻进她的体内，迅速地搅动她体内原本静止不动的魔力。一阵晕眩感……

夜色下，一个身穿黑袍的老人朝一个店铺走去。一眼望去是一个杂乱而肮脏的铁铺。铁铺的门口挂着一个木制的招牌，上面写着五个大红字：

百年神铁匠

黑袍老人走进铁铺里。他扫视不堪入目的空间，最后目光定格在一个角落，那有一个又黑又脏的男人在打呼噜。

“神铁匠！”

没有回应。

“神铁匠！”黑袍老人又唤了一声，“生意上门了！”

地上的男子睁开了眼。一双绿眼睛，瞧了瞧黑袍人。他缓慢地从地上起来，然后伸了个懒腰。

“深更半夜来铁铺，脑袋有毛病啊！”绿眼睛男子低声咒骂。

黑袍老人就好像没听到咒骂声，自然表情毫无任何变化。“你是神铁匠？”

“我不是神铁匠，你为什么叫我神铁匠？”

“神铁匠是你的父亲。我是问你有没有继承你父亲的神技。”黑袍老人还是很镇定。

绿眼睛盯着地板东找西找，最后拿起一个积了好多污垢的杯子。杯子迅速地放到嘴边，喉咙在咕噜咕噜响。杯子离开嘴边后，他说：

“如果没我父亲的神技，门外的招牌早没了，还能挂着？！”

黑袍老人不再吭声。他手朝地上一挥，一块闪着黄光的金子出现！绿眼睛立即被吸引。

“这是什么东西？”绿眼睛男子问。

“黄金。”黑袍老人回答。

“黄金是什么东西？”绿眼睛男子的疑问没变。

“这片土地上有，但还没被发掘的宝物。”黑袍老人回答。

“宝物？”绿眼睛男子的目光更不愿离开了。

“你将这块黄金打造出一个锅子。多少酬劳都没问题。”

“没问题？”绿眼睛男子的目光短暂地抬起来，又回到地上，“酬劳就要这样的宝物吧。”

“没问题。”黑袍老人说着手又一挥。

地上又出现了一块黄金！绿眼睛发亮了！

“没问题！”绿眼睛男子斩钉截铁地说，坚定的目光投向黑袍老人，“你想要什么样的锅？”

“随便你，爱什么样就什么样，只要用这块黄金来百分百施展你的神技就行。”黑袍人说，“一手交货，一手交酬劳。”他手一挥，其中一块黄金消失！“后天晚上我来取货。”黑袍人头也不回地走出了铁铺。

夜色下，一团红光闪现。黑袍老人从红光团里出来，走向店铺。一眼望去是一个热气腾腾的铁铺。

黑袍老人走进铁铺。他的眼睛搜寻着，最后和一对绿眼睛碰触。

“你还真是及时啊！刚完工！”绿眼睛男子从地上起来，“酬劳呢？一手交酬劳，一手交货。”

“你是不是经常闻这东西？”黑袍老人指着角落里的一盆绿色植物。

绿眼睛男子皱了下眉头，似乎对被转换话题而不高兴。“是的。就算不去闻，它那浓厚的气味也会钻进鼻子里。”

“锅呢？”黑袍老人突然莫名地放弃自己提出的话题。

绿眼睛男子又皱了下眉头。“酬劳呢？”他反问。

黑袍老人手一挥，地上出现一块黄金！

绿眼睛端视了一会儿黄金。然后，他走到一个柜子前，打开柜门，从里面拿出一个闪闪发光的物体。一个黄金铸造的锅！

黑袍老人的脸上浮现出一丝微笑，目光闪着一种诡异的光芒。“非常好，幽灵族人！”他自言自语。

幽灵族人？啊，原来是……

“幽灵族人铸造的这个锅！”萝铃冲口而出。

她的这句话引来的是壹索的目光。陌生的阴冷而深沉的目光又出现了！她的心被猛烈撞了一下。

“壹索？”她试探陌生的目光。

陌生的目光骤然消失。“检查完毕！”壹索淡然说，“我们可以出去了。”他戴上面具。

“就这样？”萝铃不解，“还不知道只有魔力神和魔药族知道的秘密是什么呢？”

得不到壹索的回应。萝铃无奈而疑惑地跟在他身后朝房门走去。

房门打开后，就看见了两张被惊动而惊喜的脸。

“检……查……完了？”宣于一下子找不着声音。

“两位信使辛苦了！”穆利还是较镇定的。

“嗯，检查完了。关于秘密就是……”壹索突然闭上了嘴。

但，穆利和宣于还是一副专心倾听的样子。渐渐地，他们两个人的面孔出现了变化，最后完全呈现出来的是听到了惊天大秘密的神情。可以几乎准确地猜测，壹索通过魔音传递到他们耳朵里的是他们最期盼的答案。

穆利和宣于先是转脸互视，然后脸转回面向信使，同时说：

“是的，就是这个。”

“希望魔药族继续保管好黄金锅，以及保守这个秘密。”壹索说，“我们回会客室继续谈些事。”

“好的，好的，两位信使请。”宣于更加恭敬了，头几乎要着地。

进入会客室后，其他魔力信使的目光不约而同地向一个方向散发出充满问号的意味。虽然两位检查员没任何透露，但从被检查的领导的神情可以判断出，这次检查十分圆满地结束了。

都坐下来后，壹索第一个开口：“有件事希望穆利院长和宣于族长能告知。"

"信使请问。"宣于族长殷勤地第一个回应。

"听说魔药族已经找到了蓝色魔力石和强魔力者，能否告知是谁？"

"难道信使不知？"穆利马上露出不解的神情。姜还真是老的辣啊！

不过，壹索也不是省油的灯。"魔力神有指定强魔力者，也有指定魔力石的拥有者。不过，这么多年过去，魔力石是否还在原来的指定者手中实在难料。而且，魔力神并不知强魔力者的真实姓名。"

"对，对，的确如此！"宣于再次表现殷勤，"十几年过去了，这世间不知有多少变化啊！而且，魔力神只是让强魔力者投胎转世，为萧龙星球造福，怎么会关注一些小小的细节呢。"

"麻烦告知。如果觉得不便，我们就辛苦一回，亲自去找。"壹索说。

宣于立即神态紧张，慌忙说："不不不，怎么能让信使辛苦亲自去找。我们直接告知就可。"

穆利张开了的嘴巴被迫关闭。

"魔药族拥有蓝色魔力石的人是一个名叫丘丽的老太太，"宣于紧接着说，"嫁给了一个萧龙种族的祭司。这个萧龙种族祭司早已退休，听说重病卧床多年了。而魔药族的强魔力者就是丘丽的孙子，名叫西野。"

宣于的话刚开头时，萝铃的心不由得揪了起来，渐渐地越揪越紧，最后两个字出现时，她骤然如雷贯耳。为了确定这不是她的想象，或是耳朵出了毛病，她急忙一个一个地观察其他人，结果得到的解答是一个一个的目光都很异常。是的，请镇定，不可思议的事在萧龙星球是常识！身边潜伏着太多难以置信的秘密！

"西野？"纪伦确认。

"是的，就是叫西野。"穆利回答。

"萧龙学园中学园区的西野？"纪伦再确认。

"是的，萧龙学园中学园区的西野。"穆利再回答。

"那个瘦得像火柴棍的西野？"金格也需要确认。

“是的，那个男孩的确挺瘦小。”宣于回答。

就在金格嘴巴再要张开时，壹索咳了一声。马上，金格的嘴巴闭上了。

“看来信使们都知道是哪位了。”穆利说。

“你们确定那个叫丘丽的老太太和那个叫西野的男孩就是你们要找的吗？”壹索问。

穆利和宣于互看了一眼，都出现了一丝无奈和犹豫。

“不瞒信使说，我们是觉得他们就是，但丘丽矢口否认，而且我们也没找到蓝色魔力石。”宣于说，“也许她真的没有魔力石，也许是她藏起来了。而且，她的孙子是不是强魔力者，我们也没法鉴定出来。总不能让我们跟一个小男孩来一场魔法大战吧！请信使赐教！”

“找魔力石和强魔力者只能靠你们自己，魔力神和信使都不能帮忙。”壹索说，“你们……”

“既然你们没有找到魔力石，”马克斯似乎克制不住，贸然打断了壹索的话，“那个老太太又否认，你们为什么怀疑她呢？”

就在多人以为马克斯闯了祸，马上就要被罚领受一道杀人的光线时，出乎意料地并没有出现惩罚——壹索的目光依然自然流露。转念一想，马克斯的问题说不定刚好就是壹索的问题。

“因为有人告密……”宣于回答。

“什么人告密？”纪伦问。听起来是一个简单的疑问句，但熟悉他的人可理解为愤怒的疑问句。

“是丘丽的一位竹马之友，名叫乐羊。乐羊说，十几年前丘丽曾拿出一个蓝色的魔力石给她看，说是一位来草药园采购草药的老人送的。乐羊只看了那么一次，当时觉得好看和稀奇，之后就把它忘了。直到巫术族的预言公布，她就想了起来。她犹豫不决了好长一段时间，最后觉得这是魔药族的喜事，不应隐瞒，便到长老院来告知。”

“唉，真是卖友求荣的狐朋狗友啊！”金格突然叹道。

顿时，壹索惩罚人的目光出现了。三个魔药族人疑惑不解的目光。

“对于丘丽来说是如此，”金格连忙补充，“但对于天下人来说却是……”他突然停顿，“良师益友！”迸出了这四个字。

魔药族人的疑惑神情顿时消失，取而代之的是理解和感慨的神情。

“没错，丘丽现在也许会不理解这位好友的好意，但以后一定会感激不尽的。”宣于说。

“那么，你们现在准备如何调查呢？”壹索问。

“我们正在耐心劝导这祖孙俩，但丘丽实在太顽固，担心她武力反抗，不得已只能将他们软禁起来。”

“是囚禁在山中的监狱吧。”壹索的这句话没问号。

“啊，是的，真是什么也瞒不了信使。不过，我们实在也是无计可施呀！这丘丽魔力不弱，而她的孙子说不定就是强魔力者，我们得严加看管才行呀。”

毫无预兆的，壹索在宣于话音刚落就站了起来。三个魔药族人连忙也跟着站起来。

“信使的来访就到此为止，谢谢院长、族长和长老的配合！”壹索说，“我们现在就离开，你们无须送别。”

“希望信使再次来访！”穆利真诚地说。另外两个魔药族人不断地点头哈腰。

可以肯定所有的魔力神信使都接收到了壹索的魔音，一个一个都施展魔法，瞬间转移出了木楼。木楼外，头也不回地，魔力神的信使告别魔药族飞空而去。

空中，终于从“囚牢”里解放的金格和马克斯立即对三个魔族人嘲笑个不停。其实，对他人的虔诚信仰进行十分不尊重的评头论足实在是恶劣。可惜，一个小顽童和一个老顽童根本没这种意识。而壹索的一个想法让所有人有了准备大显身手的意识，即将丘丽和火柴棍从魔药族的囚牢里解放出来。

基本上，壹索的想法也就是一定执行的决策。就算没人响应决策，他也会毫不犹豫地自己去执行。可是，把墨夷家族排除外，没人不响应，不然就是一个毫无情义的浑蛋。墨夷家族虽对囚牢中人没什么情义可发，却有利益可取。蓝色魔力石和强魔力者的出现就代表了又一个墨夷老人的候选人出现了！即使壹索不制订解救计划，墨夷家族必定也会挺身而出，如有需要甚至会倾巢而出。

他们找了一个安静的酒店整甲缮兵、养精蓄锐，耐心地等候黑夜取代白昼。期间，壹索联系利夏，让其费尽心思地找到一份魔药族监狱的地图。在解救计划启动之前，他一直在认真细致地研究地图。月使花了很多时间向墨夷家族的当家打小报告；日使和易克在闭目养神；萝铃、纪伦、金格和马克斯摩拳擦掌、跃跃欲试。林德和千乘一副悠闲的样子望着窗外，因为它们早早地被告知没有被列入队伍的名单里。

对于一些人来说黑夜来得太快，对于一些人来说黑夜来得太慢，总之，黑夜在它该来的时候来了。

无须抬头望便知，实施解救计划的这个夜晚的月亮和星星实在是太贴心了，隐身的隐身，躲藏的躲藏，营造出一个最适合夜行者的氛围。

飞落魔药族母子山的子山，自然而然地，谁都跟在了壹索的身后，鼎力支持他充当向导和冲锋。壹索不负众望，轻车熟路地在子山中时而奔跑在山地、时而飞越障碍、时而躲避巡警，没觉得花太多时间，他们就到达了一个监狱的背面。

他们躲在茂密的草丛中，窥视前方围墙上的警戒线。他们尽量静止不动，花了约莫半小时摸清和分析出了监狱后背警戒并不森严，警戒线上有三个狱警，而且来来回回都是同样的三个，只要出奇不意地把他们悄无声息地击倒，便可以顺利进入监狱。壹索低声分配任务，选择了他觉得最可靠的攻击手：日使、易克和他自己。就在这时，马克斯问了一个让所有人觉得愚蠢得可笑的问题。

“为什么不叫莫明或是利夏命令魔药族交出那个老太婆和瘦小孩呢？”他的语气很不满。

“你觉得政府可以管得着这事吗？”具有绅士风度的纪伦回答了这个愚蠢的问题，“而且萧龙种族目前面临的危机不断、四面受敌，解救自己都手忙脚乱，还能解救他人。”

“干吗？你不想来就不要来嘛，来了还发这种可笑的牢骚。”金格说。

“我没想到会躲在草丛里，让那些可恶的小东西咬我却不能反抗，”马克斯更加不满。

“再说一句就把你们的嘴缝起来！”壹索生气。

冲锋既然发话了，跟随者自然也就闭嘴了。

壹索示意由他选派的攻击手先行，其他人留守等候指示。队伍里的人都领会后，各自听从指示，该前进的武装前进，该留守的耐心留守。

壹索、日使和易克蹑手蹑脚地靠近警戒线。就在其中一个狱警对他们露出疑惑并警觉的目光的同时，他们纷纷急速出击。三道魔光眨眼工夫就进入了三个狱警的身体里。两三秒钟后，三个狱警一个前趴两个后倒。

前进的指示来了。留守的萝铃、纪伦、月使和马克斯立即听令行动。离开茂密的草丛后，马克斯的嘴巴就以无声的方式说话，不知是在咒骂“可恶的小东西”，还是祈求某位神明保佑。不过，一会合前方队伍，他立马就紧闭嘴唇成一线。

每个人都变出飞行棍，都运用魔力操控飞行棍慢慢地、静悄悄地升高。可以露出半个头时，小心翼翼地瞧一瞧、探一探。再升高。再瞧一瞧、探一探。一个障碍也没有。完全放心地飞进了围墙中。降落后，估计每个人的心里都在嘀咕：魔药族的监狱简直就是空心汤圆！

还是壹索冲头阵，他们往被围墙保护的那栋建筑里走去。

就在这时，萝铃突然脑海里冒出一个让她心急火燎的问题，心想着不知其他人是否也意识到了这个问题，特别是冲头阵的那位。要解救的犯人到底是在哪个囚房里？她想问，但不敢出声，担心惊动不该惊动的；

她想魔音传递，但没用过，担心弄巧成拙，也惊动了不该惊动的。这可怎么办才好？只能被焦躁煎熬着，顺便祈祷上天保佑，也顺便希望冲头阵的就像孙悟空，已修炼出了一对火眼金睛。

结果证明壹索没有进过太上老君的炼丹炉，也就没有炼出火眼金睛。不过，他的一种本事和孙悟空的火眼金睛有异曲同工之妙，即先是观察，接着研究，然后分析，最后结论。他毫不迟疑地带着队伍进入建筑的一楼，直走，拐弯，直走，拐弯，进入，到了一个房间里。房间里有许多大大小小的文件柜，还有几张桌子、椅子。他毫不停顿地直奔桌子，里外翻找了一遍，似乎没找着想找的，就奔另一桌。运气不好也不坏，最终他是在第三桌的一个抽屉里找着了想找的：一本厚厚的册子。他翻看册子，而且是在没有灯光的情况下，说他没有火眼金睛还真没人信。不到一分钟，他就合上了册子，放回抽屉里，估计是把册子的内容弄明白了。然后，在他的眼神示意下，没帮上什么忙、只会沉默围观的几个人继续跟随着他。

出了装文件柜的房间后，他们不在一楼逗留，直接上二楼。不过，冲头阵的突然脚步放得更加慢也更加轻了，跟在后面的也依样画葫芦。除非是玉皇大帝派下凡的千里眼和顺风耳，不然是不会有人觉察到他们的行动的。他们经过了三个囚房——壹索连瞧也没瞧一眼就判定里面是空荡荡的，直接忽视。在第四个囚房时，壹索突然驻足。他回头来示意跟在后头的人原地不动。跟在后头的人纷纷点头表示遵命。他很满意指示被领会并执行，转身自己一个人继续前进。第五个囚房后就是一个弯，他拐了进去。就那么一瞬间，原地不动的人就发觉接连闪现了两道魔光。也没人对此感到吃惊，几乎可以理解得出来发生了什么事。壹索在拐弯处探出头，招了招手。原地不动的人必须得动了。然后，毫不奇怪地看到拐弯后的第一个囚房的门外躺着两个毫无知觉的狱警。壹索从一个狱警的腰间取下一把钥匙，伸进囚房的钥匙洞里，转两下，推一下，门开了。

门内的情景和预料中的一样：叫丘丽的一个老太太和叫西野的一个瘦小孩，被惊动后睁大眼睛地看着门外。

“啊！”火柴棍惊叫一声。接下来还想继续出声，但金格一个箭步上前将他的嘴堵住了。

“你们是……”丘丽奶奶比较有分寸和镇定，声音很小。

“我们是来救你们的。”纪伦轻声说。

“别废话，走！”壹索命令的口气。

没人想说一个字，只想着走，走，走！然而，走到一楼时，很不幸地听到了楼外传来的打斗声和看到了闪现在窗户外的魔光。

“该死的！”壹索恶狠狠地咒骂。

“是……奥……”马克斯似乎有所顾忌，竟然有点儿结巴，而且声音很小，因被壹索恶狠狠地瞪了一眼，他没把话说完。

“你带着几个孩子和奶奶从进来时的方向出去，”壹索指示马克斯，“然后赶紧跑，越远越好，什么也别管。其他人跟着我去解决那‘该死的’。”

“好的。不过，你别让那‘该死的’真死了！”马克斯接受指示并叮嘱。

又被瞪了一眼后，马克斯连忙不敢再动嘴，而是动脚。几个孩子和丘丽奶奶跟着马克斯出了一楼后直奔围墙，壹索和其他人出了一楼后直奔魔光闪现处。

原本以为跑在前头的马克斯会只顾自己一个人逃跑，其实不然。到了围墙下，他停下了脚步。他像一个将军一样下令金格带着火柴棍飞出去，然后眼看着萝铃和纪伦都飞起来后，他才带着丘丽奶奶飞起来。

幸好，围墙外前趴后倒的三个狱警还继续前趴后倒，看来还没被人发现或是来支援。严格遵守壹索的指示，他们毫不停顿地往来时的路飞去。

当飞了约有十分钟，估计和监狱的距离够远的时候，一直飞在前头的金格放慢了速度。这引起了马克斯的怒火：

“你干吗？快点儿飞，不然被壹索发现了是我遭殃，可不是你。”

“可是，他们怎么还没来？”金格说，“不会是‘该死的’真死了，他们要不在收尸，要不不敢出现在你面前。”

“你再胡说八道，死的是你！”马克斯威胁着。

纪伦加快速度，飞到斗嘴的两个人的旁边。“我说呀，你们俩就消停一会儿，等我们飞出魔药族的领地再耍嘴皮，好吗？”

“可是，你不觉得奇怪吗，”金格说，“凭那四个人的本事，应该不会那么久。”

“你不放心，就去看看。”萝铃没好气地说。虽然她心里也挺担忧，但觉得如果不听从大人的指挥很有可能只会添乱。

“还是不要吧——其他人也许会死，壹索可不会死。”金格加速。

当他们飞越彭祖草药园后，他们都松了口气。回到酒店后，没看见善后的队伍回来，他们更加担心。不过，担心的时间很短，他们只是说了几句话的工夫，门就被打开了。壹索阴沉着一张脸进来。跟在后面的一个也没少，只不过易克的手受伤了，说是逃跑时不小心被树枝剐了一下。其他人都沉默，一直在说话的是奥斯比。他是在解释，他并不是老爱突然冒出来坏事，而是他也有自己的任务，只不过很巧合的接连两次和壹索撞在了一起。

“你也是去救火柴棍和他的奶奶的？”纪伦问。

“是的。”奥斯比回答。

“为什么？”壹索问。

“这什么问题？做好事不需要理由！”

“你可不像是个无偿做好事的人。”金格说。

“什么样的人像？你吗？”奥斯比很不屑。

“他只会损人利己！”马克斯帮腔。

“我刚就做了一件好事，你瞧，火柴棍正在用感激的目光看着我呢！”金格自鸣得意。

唉，一个人的脸皮到底会厚到什么程度大概是没法说得清楚了！萝铃暗暗感叹。你此刻对一个人进行了判定，谁知下一刻他就让你必须要改判。另外，她不得不佩服金格把所有言行表露得如此自然，让人很难分辨出他是不是在演戏。他可以考虑去当个演员，毕竟他这相貌也很适合，她想，可以考虑优才计划的戏剧定向。

火柴棍的确流露过感激的目光，但在金格抢功时，他的目光已经变换了，而是一脸担忧地看着壹索和他的奶奶在交谈。

“丘丽奶奶是不是真的有蓝色的魔力石？”壹索问。

丘丽摇头，速度快得令人怀疑她没好好思索，甚至觉得她连问话都没听清楚。“是穆利院长和宣于族长搞错了，我根本没有什么魔力石，任何颜色的都没有。”

可惜的是，壹索的眼睛和大脑属于感官中的精英，捕捉能力和分析能力是一流的。他应该是从丘丽的脸上捕捉到了常人难以觉察的讯息，然后经过大脑分析后得出结论。他要证实他的结论。他向丘丽出示曾给魔药族人看过的两块蓝色魔力石。丘丽脸上的变化连常人也能觉察了！

“就是这样的……”壹索流露出的是难得的耐心和温和，“我想你一定有一块一模一样的。你应该相信我！”

她要相信吗？这个魔族人一直在无偿地援助她的家庭，这几个孩子是她孙子最好的朋友，一直在关心和帮助他。她应该相信。她点了点头。但她又说明：

“我是有一颗蓝色的魔力石，但我的孙子绝对不是什么强魔力者——西野从小到大都没什么茉莉花胎记。”

“是的，我只有被祭祀殿文的茉莉花。”火柴棍为奶奶辩护。

“强魔力者可不一定就会有茉莉花胎记。”金格解释。

丘丽不解。“可是，十几年前巫术族预言萧龙种族的强魔力者肩膀上有茉莉花胎记？”

金格想再开口，但被制止。

“你的孙子不一定是强魔力者。”壹索说，“事实上，是不是强魔力者一点儿也不重要。能不能请你说说你是怎样得到魔力石的？”

壹索的话得到了丘丽的欢心，显露出因被理解而感激的目光。她点头表示她很愿意回答他提出的问题。

“十几年前我回魔药族，在彭祖草药园里帮忙。”她一副回忆往事的样子，“那时，我的儿媳妇怀孕了，心情好就把这件喜事说给在我身旁的朋友听。有个老人在草药园里购买草药，听到了我的话，就走到我面前，拿出了一块蓝色的魔力石，说是送给我孙子的礼物。老人很坚持，我也没多想就接受了。回到家，我就把魔力石给了儿媳妇保管。去年，巫术族突然预言了六块蓝色魔力石，我很害怕，虽不敢肯定我拥有的这块就是巫术族预言的，但还是觉得小心点儿好，就把魔力石藏了起来。没料到，乐羊竟然把这件事告诉给了长老院。”

“你不承认，所以魔药族就把你们祖孙俩囚禁了起来。”月使插嘴。

“是的。”丘丽点头。

“那么魔力石呢？你藏哪儿了？”月使问。

“嗯，藏在……一个隐秘的地方。”丘丽有所顾虑，“要……去拿出来吗？”她疑问的目光看着壹索。

“不用。”壹索坚决地说，“这是属于你的魔力石，你好好保管。不过，你暂时不能回家。如果你愿意的话，可以到巨人山躲一阵子。我会派人去接你的先生。”

“魔药族人一定会全力找你们的，你们还是躲藏一段时间吧。”纪伦劝说。

“应该说是全力追捕才对。”金格正经八百地说。

“而且，现在萧龙星球很混乱，就算魔药族不找你们，其他魔力种族也会找。”萝铃说，“我们也是听到了一些风言风语才知道了你们的事。”

火柴棍忧虑的气息更加深。“奶奶？”他唤道。

丘丽深深地叹了口气。“虽然魔药族和萧龙种族都有些亲朋好友可

以帮助我们，但也不安全，反而还给人家添麻烦。如果壹索先生不嫌我们麻烦，我们就去魔族吧。”

这时，月使笑盈盈地靠近丘丽。“丘丽奶奶，其实有个地方更安全，那就是我家……”

萝铃大惊失色，失声道：“不，不能去她家，她家是最不安全的。”

月使望向萝铃欲反驳，但发觉了一道令人很不舒服的目光，便作罢。她耸了一下肩膀，一副无所谓的态度回到自己的座位。

之后，壹索还有所求，而且是很令丘丽震撼和为难的请求。他希望丘丽同意火柴棍加入征程的队伍。

“我们要去寻找萧龙星球出现蓝色魔力石和强魔力者的原因，我真的很希望你同意西野和我们一起。当然，需要你同意才行。”壹索以毫不强迫的态度说。

丘丽以疑惑而探究的目光看了壹索一会儿。她沉默的时间有点儿长，大概不知该如何抉择，或者是想拒绝却思考不出该以怎样的方式拒绝。可她的孙子却很坚决。

“奶奶，我想和他们一起去。”火柴棍以熟悉他的朋友们从未见识过的坚定目光和姿态说，“我已经十五岁了，不再需要你的保护。而且，他们都是好人……他们一直都在致力于萧龙种族的伟大事业，我应该尽自己的能力去参与。现在萧龙种族正被很多人谴责、讨伐，作为萧龙种族人，我不应该逃避。”

丘丽似乎没想到自己的孙子会说出这番话，整个人惊呆了。

“他一定是被你爷爷的电视讲话影响了！”金格看着萝铃轻声说。得到的回应是萝铃一个白眼。

“奶奶，你看，纪伦、萝铃和我一样大，却毫不畏惧地跟黑魔法师对抗。萝铃还是个女孩子呢！”

“他怎么不提我的名字？”金格又嘀咕。

“我的魔力还是他们帮我解封的呢！你看，就因为我们不够强，没有勇气，所以爷爷才被幽灵族重伤了。”

这句话绝对深深地刺中了丘丽的最深处。她眨了眨眼睛，两行泪水竟然流了出来。“其实我挺矛盾的，”她哽咽，声音很低，“有时希望你不是强魔力者，有时又希望你是。唉，好吧，你就跟他们一起去吧。我们的确是要有勇气，的确是要坚强起来！如果你坚信你的选择是正确的，那就勇敢并坚持地去做吧！”

丘丽的话就像催泪弹。不过，有些人只是在心里流泪，有些人从心深处一直流到体外，还有些人失去了制造眼泪的功能，没有眼泪。

奥斯比虽然添了乱，但还算是个可靠之人，魔法高强，而且他不愿意加入征程的队伍里，所以护送丘丽奶奶去魔族的任务就交给了他。不用太深入思考，种种迹象表明，奥斯比进行的秘密活动不再是专属他个人的隐私了。这里没人是黑魔法师，也就没有严刑逼供，只能多点儿耐心，等他的隐私摆在台面上的时刻出现。

可喜的变化：征程的队伍里多了一股力量，而且有可能是强大的力量！接下来，增强后的队伍该往哪个方向而行呢？寻找秘方的正确方向在哪儿？寻找真相的方向又在哪儿呢？有时，不知道路的征程也会让强大的队伍伤感……

第十六章 傀儡族长

利夏盯着桌上厚厚的一叠报告皱眉。这是警察部魔力洲分部刚送过来的昨天一天的案件报告。连续一个星期了，每天都有一百多起魔法大战的恶性事件。几乎可以向全球公告：萧龙星球第二次世界大战已经开始！

可是，这真是第二次吗？已经无数次了！他这种悲观的情绪一直存在。也许是被天拓叔叔传染了。他陷入深深的怀念中。在天拓叔叔的眼里，战争就是战争，不应分大小，都应视为重大事件予以最强烈的关注和最完善的解决。“任何一场战争都会造成最大的伤害，会形成最永久的仇恨！”天拓叔叔说，“任何原因都不能发动战争，因为除了留下伤害和仇恨，不会有任何美好的结果出现。”

利夏打开第一份报告。这是一起围攻萧龙种族祭祀殿事件。这是萧龙种族关于魔力的秘密被揭露后引起的第八起围攻祭祀殿事件。难道团结的萧龙种族就要分裂了吗？可是，萧龙种族真的团结过吗？

魔力种族不满：萧龙种族隐藏起魔力，伪装成非魔力的姿态来欺骗魔力种族，来谴责和抗击魔法。萧龙种族不满：将祖先传承下来的魔力封印了起来，手无缚鸡之力，长达五千年的被魔力种族的魔法伤害和欺辱。为什么大家不明白呢？这无关魔力，最重要的是人性。

他瞧了一眼桌上的电话。莫元向他诉长道短了约有半个小时，刚刚才挂掉电话。全球的萧龙种族人几乎都涌到了萧龙种族长老院和祭祀殿，强烈要求解除魔力的封印，这令他和莫明族长苦不堪言呀！现在的萧龙种族人已经像狂风暴雨般猛烈，如果知道十八岁以上就不能解除封印的事实的话，非变成龙卷风和海啸不可。这难道不是完全可以理解的吗？人们渴望拥有魔力，无关人性，而是因为世界是一个弱肉强食的世界！

除了国家忧患让他身心疲惫外，还有家事让他心烦意乱。可是，他不能把家事放在国事之上，而且所谓的家事不过是一种可以被理解的残酷。连萝铃这样一个小女孩都能释怀，他作为成年人、作为一洲之长还不能释怀吗？其实，他只是感到很短暂的残酷，很快就会淡化，而那个做出残酷的事的人承受这种残酷已经好久好久了，也许会承受一辈子。他应该解除他身上的残酷，而不是纠结于自己身上的残酷。所以，他喊出那么一声“爷爷”时，是带有真诚的情感的。

电话响了起来。

利夏深吸口气，隐藏复杂的心绪。“喂！”他拿起电话。

“洲长，有一个萧龙学园中学园区的女学生想见你。她说她是龙丘族人。我让她先预约，但她态度很强烈，一定要现在就见你，说是关于龙丘族的很重要的事。她还说你认识她。”

“她叫什么名字？”利夏问。

“她叫白如。”

白如？不是很陌生的名字……但这不是一个人的事，而是一个种族的事。“让她进来吧。”他说。

“好的。”

利夏继续阅读案件报告。报告里的文字和数字就像一把锐利的剑，在慢慢地试探他的心灵。剑不是一插到底，让他感觉瞬间的痛苦后就失去了所有的意识，而是一点点地折磨他，像剥洋葱一样破坏他的保护层。

几下小心翼翼的敲门声缓解了他心灵的痛苦。

“请进！”利夏说。

门被推开，一个年轻女孩怯生生地走进办公室。似曾相识的面孔！

“您好，利夏洲长！”女孩谨慎的声音。

“你好！请坐！”利夏面露温和的笑容。

笑容让女孩不再那么拘谨了。她坐在办公桌的对面。

“我叫白如。我在学园的寝室就在萝铃寝室的对面，跟萝铃、纪伦很熟。”她的声音自然了，“我们在学园时曾打过照面，但我想你应该不记得我了。因为你是洲长，所以我就很了解你。”

“抱歉！”利夏诚恳地说，“虽然没有很深刻的印象，但我记得曾见过你。”

白如不好意思地笑了笑。“学园里那么多学生，你对我有点儿模糊印象，我就很开心了。对不起，你那么忙，我还来打扰你！”

“没关系。我想你也是因为有很重要的事才来的。”

白如很认真地点了点头。

这时，门又被敲了几下。

利夏望向房门。“请进！”

一个穿蓝黑制服的年轻女子走进办公室，手里端着托盘。她把托盘上的茶壶和茶杯放在白如的面前，说声：“请喝茶！”（白如连忙表达谢意）然后就离开了办公室。

白如没喝一口茶，而是看着利夏温和的脸。“我来是因为龙丘族的事。”她认真地说。

“龙丘族刚选了一个很年轻的族长。”利夏本想用表示谴责的语气说，但最后还是打算继续保持自然温和的态度。

“就是关于这个很年轻的族长！”白如突然显得有点儿激动，“这实在是太荒唐了，不是吗？”

“嗯，是不太妥。”利夏说，“当然不是年轻人就没有能力，不能有所作为，只是这位年轻人还未成年，大学也没毕业，这个选举有点儿太轻率了。”

得到利夏的认同，白如显得高兴了。“我看了莫明族长的电视讲话，他很严厉地谴责了太史家族。虽然他没提到龙丘族，但我觉得他应该也是很不赞同龙丘族也和太史家族一样很轻率地选举族长。我想，萧龙种族、萧龙政府是十分谴责这样的决策的。”

“嗯，是的，萧龙政府有关部门正在向太史家族和龙丘家族了解有关情况并请求给出合理的解释。你知道，政府不能干涉各种族的内务。”

“没错。所以政府部门去了解情况只能照着规矩来，是不会了解到真正的情况的。不知道利夏洲长有没有怀疑过，这样的选举其实是非常不正常的？”

“不仅仅是我，全球很多人都觉得不正常。但政府只能通过提出请求这样的渠道来了解情况，别无他法。”

“那就通过非政府的渠道去了解呀。”

利夏立即明白了女孩的意图。他细看女孩的神情，确定她不是在开玩笑。然后说：

“你为什么会觉得有这样的必要呢？”

“这次会选舒酷当族长，是因为龙丘的一部古书。”白如很认真地说，“龙丘古书记载了世界大战时和世界大战后建国时的很多事，其中就涉及了萧龙种族很多事。我想，萧龙种族应该派人去了解一下。当然，通过正常的渠道是很难了解到实际情况的，只有通过非正常的渠道。我曾听说过，如果龙丘古书的内容全部公示，萧龙星球一定会大混乱，甚至会引起世界大战。最近这段时间的混乱已经让我胆战心惊了，我真的不希望出现世界大战。不管以前萧龙种族做过什么，隐藏了什么秘密，那都是很久远的事了。现在的萧龙种族把萧龙星球管理得很好。我是很拥护莫明族长的，因为他是真的想要把萧龙星球发展成和谐的家园。我也很拥护利夏洲长，因为你和天拓总统一样，也有团结友爱的理念。现在出现的争斗都是一些有野心、有欲望的人制造出来的，如果这些人得到了天下，那么天下人就要受苦了。”

白如的一番话让利夏感慨不已。毕竟被认同是一件很振奋人心的事。可是，感性之外是理性，他不能因一些赞赏而失去了正确的判断。

“你对龙丘古书有怎样的了解？”他问。

“了解不多，而且也不确定。”白如说，“其实龙丘族好几代人都是听着传说长大的，一直都是把龙丘古书当成龙丘族最珍贵又最神秘的圣物来看待。我小时就听到一种说法，说是龙丘古书很久以前就丢失了，只是龙丘族没有公布出去，担心引起骚乱。最近，我又听到一些风言风语，说舒酷之所以能当上族长是因为找到了龙丘古书，所以长老们不得不选举他当族长。”

“难道龙丘族会因为一部书而影响选举？”利夏皱眉。

“这可说不定。如果舒酷威胁要公布龙丘古书的内容，那么长老们就不得不委曲求全了。如果这是事实，那么这个人当族长就实在太可怕了。所以，我希望能有有能力的人去制止这件事。如果查出来真的只是风言风语那就好，如果不是呢？我不知道该信任谁，该去找什么人。我认真想了几天，觉得应该来找萧龙种族。毕竟龙丘族是从萧龙种族分离出来的，是龙族的后裔，比其他种族亲密些。”

利夏不能肯定白如跟她反映的是真实的问题，毕竟他面对的是一个十几岁的小女孩。但听起来却是严重的问题，不能不当一回事。龙丘古书是萧龙种族早就关注，但因某些特殊原因而暂时搁置的问题，现在这个女孩的出现，是不是暗示着解决这个问题的时机到了。

“我会马上把这件事向莫明族长和长老院汇报，希望萧龙种族能认真去关注一下。谢谢你告诉我这些事！”他怀着诚意说。

白如看到利夏几乎可以肯定地接受了她的建议，显得高兴和欣慰。为了让她的建议能最终得到实施，她还多加强调了重要性。最后，她带着满意的笑容离开了利夏的办公室。

办公室里只剩下利夏一个人时，他连忙拨通了莫明的电话。有些事重要得一秒钟也不能耽搁。有些事如果多加重视，也许就能很好地改变目前萧龙种族的局面。有些事也许会让萧龙种族陷入更大的危机，不能不重视。

壹索在接到莫明的电话前正思索着明天的方向，之后，他就接受了莫明的一个指示：调查龙丘族和龙丘古书。那个少年——舒酷——的形象浮现在他的脑海里。一个聪明、真诚的人！可是，不排除这是假象。万物都隐藏着些秘密。

清晨，萝铃听到要去调查舒酷着实吓了一跳，就和她听到他当上了族长一样震惊。她知道少年族长事件是件荒唐的事件，但她不觉得事件的主角是荒唐的，也许是有什么内情。而今天，他们就要去调查“内情”。

纪伦、金格和马克斯很兴奋，因为他们对龙丘古书垂涎已久。而且纪伦真的很想瞧瞧当年那个在他面前激愤地抨击强权的大学生拥有了强权后是啥模样。如果这位大学生不再是他认识的那位大学生，那么他一定非常失望。而金格的观点是，仰望高处的态度和站在高处的态度是截然不同的。

在起程之前，月使很郑重地表示她很赞成去龙丘古堡，但调不调查少年族长不重要，重要的是要得到龙丘古书，因为这是一部会给萧龙种族造成很大负面影响的书。

龙丘族的龙丘古堡在日出洲，他们从热带洲出发要花很长时间才能到达。使用飞行棍一定会大大消耗他们的体力，只能选择空中快车。

在空中快车上，萧非在补充了足够的魔力后返回。萝铃虽看不到她，但能感觉到她存在的位置——有一股熟悉的魔力正飘荡在一个空座位上。萝铃甚至可以肯定这虚假的灵魂在望着她。多么可怕、恶心的一个灵魂啊！萝铃一想到这虚假的灵魂依靠夺取他人的魔力而存活便感到毛骨悚然。萧非发现她发现了她，便高兴地飘了过来。

“我听到你们要去龙丘族。真是太好了！”萧非的声音在萝铃的耳边响起，显得十分愉悦，不是关于返回队伍，而是关于队伍的目的地。

萝铃很想要斥责她，但她不能开口。她只能对着空气干瞪眼。她只能任由她在她耳边烦扰。

“龙丘实在是太可恶了！我给了他很多荣誉，结果他却恩将仇报。”萧非显得很愤恨，“他不仅离开了，自建了一个家族，而且还说我是个恶魔。于是，龙瑀也把我当成了恶魔。所有人都把我当成了恶魔。我并不是个恶魔！战争是残酷的，战争不存在仁慈，如果不采取非常手段，那么就早为自己筑造一座坟墓。你知道我为什么要制作那些魔药吗？因为如果没有这些魔药，那些没有魔力的士兵会死得更快，而我的队伍进坟墓的时刻也会出现。既然选择踏进了战场，就不要存有仁慈之心。”

萝铃知道萧非说的是些谬论，但她承认战争是残酷的、不存在仁慈的，所以，不要战争，远离战争，反抗战争。此刻她更想反抗萧非的声音，但无计可施，只能让这个虚假灵魂以为她是个倾听者，沉默着。

萧非在控诉仁慈、正义的人施加给她的精神迫害，她时时刻刻承受着数落、唾弃、厌恶，甚至是仇恨。最后她失去所有的精神支柱，在她还有许多大好年华时彻底崩溃，选择了自己结束自己的生命，永远也不再去承受蚕食心灵的病毒。遗憾的是，她并没有决心永远地放弃意识，最终选择了在一个黑暗的世界保存意识。

“你知道吗？当我看见龙狗千乘在你身边的时候，我感到异常的兴奋。”萧非又恢复了愉快的心情，“我明白了，你就是我的延续，是你把我从黑暗世界中拉了出来。我又可以享受到人生的喜怒哀乐了！”

萝铃看了一眼千乘。要是这只龙狗发现旧主人和新主人成为了合作伙伴，不知作何感想？也许会觉得新主人和旧主人一样是个邪恶的恶魔……

空中快车有一个显得有点儿异常的女人。她的外表看起来是个约四十岁的普通女人，穿着一件黑色的长袖连身裙。但从她普通的眼睛里投射出来的目光却是不普通的——她在研究。她研究的对象是萝铃和千乘，没有出现过即使是一秒钟的转移。在她研究了约有十分钟后，在壹索的授意下，金格和纪伦向她靠近。

“您好！”金格彬彬有礼地打招呼。纪伦则是露出阳光的笑容。

研究的目光被迫停止。黑衣女人疑惑地瞧着两张笑容满面、陌生的少年面孔。“我们认识吗？”她问。

“不，不认识。”金格保持亲切的笑容，“我喜欢你这件裙子。是‘浪漫情怀’这个牌子的对吧？我和弟弟也买了一件给我母亲，她很喜欢。这是我弟弟。”他朝纪伦瞧了一眼。

“是龙丘族最有名的一个服装品牌啊，”纪伦感叹，“当时花了我们俩兄弟好多钱，几乎是半年的零花钱。”

“嗯，这个品牌的衣服就是贵！”黑衣女人似乎深有同感。

“在这车上看见这件裙子很有亲切感。”金格说，“我想问一下，离日出洲还有多长时间？”

“差不多半个钟头。你们没去过日出洲吗？”

“没有。啊，你看那……那是我妹妹。”金格手指着萝铃，“很可爱吧！”

黑衣女人有点儿吃惊。“她是你妹妹？”

“是的。还有她旁边那个男孩也是我弟弟。”金格指的是火柴棍。

“你弟弟妹妹还真多！”

“是啊，父母的爱四分五裂！”金格笑道。

黑衣女人哑然失笑。“你这孩子，真是的！父母给每个孩子都是一样全部的爱！”

“谁知道呢？只有他们自己知道！”纪伦感叹，耸了一下肩膀。

“你们兄弟俩可不能这样子，可要给弟弟妹妹做好哥哥的榜样！”黑衣女人俨然化身成了一位母亲，“我看你们俩长得挺壮实的，而弟弟妹妹却很瘦小，一定是你们平时常欺负他们。”

“我们哪敢欺负他们！他们不常欺负我们就万幸了！”金格控诉。

“你看他们身边那只狗，可厉害了，”纪伦指着千乘，“我们根本不敢靠近，怎么欺负？”

黑衣女人这时大吃一惊。“这……这只狗也是你们家的？”

"对，是我们家养的，但只跟我弟弟妹妹亲。"金格无奈地说。

黑衣女人难以相信的神情。"你们是说那只小狗还是那只大狗？"

"两只狗都是我们家的，都很凶，不过，大的最厉害。"纪伦回答。

黑衣女人似乎陷入疑惑的旋涡中。"咦，不对呀……"

"怎么了？"金格问。

"这个女孩真是你妹妹？"黑衣女人问。

"怎么了？"金格不回答问题，而是继续提问题。

"那是龙狗吧？"

"是呀，就是龙狗，也只有龙狗长这样。"金格回答，"不仅凶，还长得丑。"

"你这是对它有了很深的成见。"黑衣女人摇头，"其实龙狗长得很好看嘛！真没想到这世上还有第二只龙狗！"

"难道除了我家，还有别家有？"纪伦问。

"啊，难道你们不知道？都传遍了！传说天拓总统从地球回来的女儿就养了一只龙狗。我刚才还以为你妹妹就是天拓总统的女儿呢，因为那只龙狗就站在她旁边。"

金格和纪伦相视而笑。

"没错，她就是天拓总统的女儿。"金格小声说。

黑衣女人顿时张开了嘴巴。愣了一会儿后，她说："你不是在开玩笑吗？"

"谁会开这种玩笑？！"纪伦正色道。

"可是你们……"她指了指金格，又指了指纪伦。

"我们不是她的亲哥哥。"金格嬉皮笑脸起来。

"啊，是堂哥、表哥之类的。"黑衣女人恍然大悟。

"差不多。"纪伦说。

"最近爆出莫明族长家族的秘密……嗯，你们的家族是挺复杂的！"

"很复杂，很复杂，四分五裂啊！"金格感叹。

"你们几个去日出洲干吗？"黑衣女人好奇地问，"你们身份特殊，也不带个保镖。”

“阿姨是龙丘族人吧？”金格又是提出问题，避答问题。

“对，我是龙丘族人。”

“其实我们是去找我们家的一个邻居哥哥，”金格说，“也就是龙丘族刚选举出来的新族长——舒酷。”

黑衣女人立即又是不敢相信的表情。

“是真的，你们的新族长是萧龙学园的大学生，放假的时候就住在我们家邻居的房子里，那是他同学的房子。我们经常在一起玩。听说他当上族长了，我们打算去祝贺他。顺便看看龙丘古堡是啥样子。”金格一板一眼地说。

“唉，我们还不一定能找得着龙丘古堡呢！就算找着，也不一定能进得去。”纪伦唉声叹气，“早跟你说了，要先联系上舒酷哥哥才起程嘛！”

“可是他的巴比基一直是关闭状态呀！”金格反驳，“我就不信我们跟他关系那么好，就像家人一样，他会不让我们进去。他看到我们一定高兴得要死！”

“人家现在可是族长了！你以为……”

“好了，好了，别吵了！”黑衣女人劝说，“别担心，我带你们进去。”

“你带我们进去？”金格装出一副震惊的样子，“你是龙丘古堡里的人？”

“我不是龙丘古堡里的人，但我先生在龙丘古堡里工作。我会请求他向族长报告一声，这样族长知道你们来了，也就会让你们进去了。”

金格和纪伦顿时欣喜若狂。而黑衣女人看到眼前的两个男孩那么高兴，也跟着笑得合不拢嘴。这真是太戏剧化了！

萝铃知道金格和纪伦这出戏一定是壹索编的，并现场指导。可是，为什么是这样的剧情，她弄不明白。她看看壹索。壹索没什么表情。她看看火柴棍。火柴棍在看着她，也是疑惑的神情。

空中快车在龙丘古堡站点降落后，金格和纪伦就示意萝铃、火柴棍，还有两只狗，跟着他们一起跟随黑衣女人下车。萧非也紧跟着轻飘飘地下车。而壹索这些大人们却没有一个人下车。

这是什么戏码？萝铃回头望。火柴棍也回头望。都是一张张冷漠的侧脸。好吧，就充当这出戏里微不足道的配角吧。

黑衣女人带着他们四个十几岁的孩子和两只狗穿过一座天桥。黑衣女人正拿着巴比基和她的先生通话，脸上带着快乐的柔情。这个场面就像是一个母亲带着几个孩子和两只宠物在溜达，本不应受到太多的注目，只因这场面有个亮点，那就是千年古物——龙狗，也就成了引人注目的大场面。

萝铃心里想着那一道道目光是不是都在把她当成已故总统的女儿加以研究，那一个个心灵是不是都在把她因属于莫明家族而加以评判。不带有一丁点儿虚荣心，只怀着被解脱的渴望，她希望世人把她当成一位平凡的母亲身边的一位平凡女儿。

下了天桥后，他们走进一条安静的巷子。黑衣女人说她已经和她的先生沟通过了，他们只要通过这条巷子里的一个路路通魔法屋就可前往龙丘古堡的接待室，到时会安排他们与龙丘族的族长会面。

一走进这条没多少个行人的巷子，萝铃就有一种熟悉的陌生感。她在抗拒。这条巷子不应该是这样的！这里应该有一个岔道，那里应该延伸出一条小街，眼前的一切应该是纠缠不清的一团线。当他们走了几分钟，到达龙丘族在这条巷子里设立的交通便利站时，萝铃又在抗拒。不，这里不应该是一个整洁、宽大的交通站，而是一个破旧而丑陋的房子，不应该是感应玻璃门，而是被穿了很多窟窿的木门。可是，在她眼前的才是最真实的，是不容她反驳的，那些抗拒都是她的想象。令她惊异的是，萧非的声音说：

"这里不应该是这个样子！"

可是，这里就是这个样子，或者它已经变成了这个样子。

交通便利站里的服务员问他们想要搭乘什么样的交通工具前往龙丘古堡。是太阳能车，还是路路通魔法屋？黑衣女人提议他们应该选择路路通魔法屋，因为较快捷，比太阳能车早十分钟到达目的地，虽然会有那么一点儿不适感，但是极短暂。既然他们得到这个女人的帮助，那么就要尊重她的提议，更何况他们也希望尽快地完成他们此行的任务。他们欣然接受黑衣女人的提议。

由于他们的目的地不是龙丘观光森林，也不是龙丘古堡外的接待室，而是龙丘古堡内的接待室，所以服务员得向龙丘古堡有关管理部门咨询并得到授权。并没有让他们等候太长时间，约五分钟，服务员发出的咨询邮件就得到了答复邮件和授权邮件。在他们将自己的手掌印在验证器上，为自己也为两只狗付了服务费后，服务员就非常礼貌地将他们领进路路通魔法屋里。黑衣女人没有跟着一起，因为她既没有得到授权，也不想得到授权。她只是一个热心的引路人。在路路通魔法屋门口，她用她的热情向他们告别，他们也怀着感激之情向她告别。

在感受了一次极短暂的头晕目眩后，他们就置身在一个只有沙发和桌子的房间里。他们看见一个不再年轻的男子在看着他们，带着微笑。

“你们好，欢迎光临龙丘古堡！”

他们连忙也出于礼仪而露出微笑。

“您是那位阿姨的……”纪伦问。

“是的。我是接待室的工作人员，统奚。我太太跟我说起后，我就向族长报告。族长非常高兴见你们。我现在就带你们去见族长。不过，”统奚突然露出谨慎的神情，“你们和族长会面的事除了我和族长知道外，没人知道，是保密的，所以希望你们能一直保持沉默。好吗？”

虽很疑惑，但眼前的认真、谨慎表情不能视而不见，甚至存有一点儿轻视也不行，所以他们都点头表示领会并遵守。

“还有个问题……”统奚低下头盯着千乘，“龙狗太显眼，出去必定引起注意。”

他们沉默，等待统奚出谋献策，毕竟这不是他们熟悉的地盘。

“据说龙狗是有魔力的，不知会不会变身魔法？”统奚问。

“当然会。你想我变成什么东西？”千乘问。

统奚的目光移向林德。“就像这样的一只小狗吧。”

这句话就像是一个已经迸出来的咒语，千乘立即闪出魔光。魔光消逝后，林德就多了一个双胞胎兄弟。统奚对这变身魔法给予了满意和赞美的目光。

在统奚的引领下，他们走出了接待室。然后，他们就从能看到的龙丘古堡的部分场景对它有了部分认识。那是一个建在森林深处的建筑物，和人们对“古堡”这个词的理解一样，它就是一个宏伟、深邃并具有岁月感的老古董。

他们一直在沉默地行走，甚至有所顾虑、不约而同地尽量低垂着头。他们可以感觉到有些许关注的目光投向他们，但没有阻碍的举动出现。他们就像是这座古堡里经常出现的人，很顺畅地通过走道、厅堂。最后，他们在三楼的一个房门前停下脚步，都松了口气！回想起来也不知道到底是在避讳些什么。

统奚在门前先是对他们叮嘱说他过半个小时后会来接他们出去，然后敲了两下房门，最后不等门内有回应就自行打开门让他们进入房间里。

一个宽敞的寝室里，有一个面露惊喜之色的胖男孩在看着他们进入。房门被门外的人关上。

“啊，天啊，我终于得救了！”舒酷用低沉的声音表达想要惊呼的心情。

刚从门外进入门内的四个人被这句话弄得十分莫名其妙。难道这是站在高处的人突然看到低处的人，而显露出的感到稀奇的娱乐心情吗？

“舒酷哥哥，你现在的身份是‘当权者’，还需要我们这些‘无名小卒’解救你吗？”纪伦笑问。

“不不不，我才是真正的无名小卒！”舒酷急切地争辩。他示意他们坐下来，一副想要赶快倾诉的样子。他原本就是个既热衷也擅长诉说的人啊！

“不是外面的人想的那样，不是外面的人说的那样，也绝对不是龙丘族向外公布的那样！”舒酷语速极快地说出一连串否定句，神情焦躁得好像马上就要冒出烟来。

那几个戏谑是无名小卒的人被他这个自称是无名小卒的人的话弄蒙了，一个个都表示出莫名其妙的沉默。

“你们一定要相信我！”舒酷在他的否定句后加上十分坚决的肯定句。

“我说这位邻居胖哥哥，你可不可以冷静点儿，慢慢说，最重要的是说清楚？”金格说。

“你是谁？”舒酷突然说出疑问句，“他又是谁？”他看着火柴棍。

刚刚消失的懵懂态又迅速地再次出现。

“啊，我想起来了！”胖哥哥双手互击，“我认识你们嘛！你们是萝铃和纪伦的同学。这位是爱说些不好笑的笑话的金格，这位是因为太瘦小被称为火柴棍的火柴棍。对不起，我这段时间被恶魔迷乱了心智。”

“恶魔？”萝铃被吓了一下。

“你这是在用比喻句，还是陈述句？”纪伦问。

“啊，怎么是两只一模一样的小狗林德？”舒酷满脸惊恐地指着地板上的两只狗，“不是只有一只吗？难道你们是恶魔变的？”他一说出这句话的同时就迅速离开座位，跑到了房间的墙角前。

从舒酷的最后一个疑问句以及他现在的行为分析，纪伦的疑问句的答案是：陈述句。真的有恶魔！这个分析结果让所有人震惊。最起码萝铃被吓得心跳加快。

“舒酷，我们不是恶魔，我们是人！”纪伦用温和的声音解释，“这只和林德长得一样的小狗是龙狗千乘变的——为了能够掩人耳目。”

“唉，你赶紧变回来吧！”林德叹道。

“好的。”林德外貌的千乘用龙狗的声音回答。

又是毫无预兆地出现的事是：舒酷迅速归位，并不停地摇头：“不不不，别变！如果在这里施展魔法，会被恶魔发现的。”

“他怎么像个神经病啊！”金格叹道，“比福斯特家族的人还疯癫！看来太年轻就当上族长真不是好事！”

“你别开他玩笑，看来他是被恶魔吓着了。”萝铃不满地瞪了金格一眼。

“族长？我并不是族长！”舒酷认真地看着金格说，“真的有恶魔！”他认真地看着萝铃。

“唉……”金格又叹气。纪伦立马拍他肩膀。他接下来的话被堵住。

“好吧，我们相信你。”纪伦流露出真诚的目光，“你冷静点儿，慢慢告诉我们到底出了什么事。”

舒酷紧张地摇头。“不能慢，得快点儿，不然就没时间了。”

“好，那你就快点儿说。”纪伦说。

“唉，我闯了大祸了！”舒酷把两只胳膊支在膝上，十个手指紧紧抓着茂密的头发，一副懊悔的样子。

纪伦示意所有人沉默，等待舒酷“冷静”和“慢慢告诉”。

舒酷被恶魔迷乱了心智，可冷静不了。他焦躁地说：“我这个好奇、什么都想知道的坏毛病真是害死我了！从小到大，谁都夸我好学、聪明，甚至封我为‘万事通’，我便得意扬扬、沾沾自喜，甚至自傲起来。我觉得如果我让这世上还存有秘密，那就是我玷污了这个被人们尊封为‘万事通’的名号。唉，真该死呀，舒酷！你这是自不量力，是利令智昏啊！”

这时，金格小心翼翼地把脸靠近他，小心翼翼地说：“如果你觉得没时间了，觉得要快点儿，那么你就不要抒发情绪了。”

“对！没时间了，要快点儿！”舒酷立即从内心的世界里跳出来，他抬起头，“龙丘族的龙丘古书丢失了好多好多年，我就去找，后来我找着了，高兴地打开来看，结果里面跑出一个恶魔。这个恶魔威胁我，要我拿着龙丘古书去要求长老院的长老们让我当族长。其实是恶魔想当族长，但他那副丑陋的模样可不能公诸于众，估计他对此感到自卑，就让我当他的傀儡，他在我背后操纵。你们一定要把我从恶魔的掌心中拯救出来啊！”他流露着恳求的目光。

当然，这是一段十分令人震惊的讲述，但如此简短而几乎毫无修饰的讲述让人觉得有点儿像梦游患者的梦呓。听众在震惊之余如坠雾中。

“就这么简单？”金格问。

“简单？”舒酷恼火了，“一个恶魔被我放出来了，你觉得简单？一个恶魔在威胁我，你觉得简单？一个恶魔在操纵龙丘族，你觉得简单？你这是什么小鬼的幼稚天真想法？！”

金格立即也被刺激得恼火起来，但被纪伦制止没爆发出来。他只能用目光来一点一点释放火气。

“舒酷，是不是你弄错了，这世上怎会有恶魔呢？”纪伦用安慰孩子的口气说。

“就是，如果真是恶魔，怎么没有什么惊心动魄的场面？”金格不以为然地说，“简单几句话就想震慑我们了。”

“当然有惊心动魄的场面！”舒酷带着惊恐的表情说，“等你看见一个恶魔时，你就知道这惊心动魄的场面是什么样了。不过，到时，你一定后悔想去领略那样的惊心动魄。哼，小鬼头，真不知好歹！”

金格这一次不打算恼火，而无所谓地说：“好吧，我是不知好歹的小鬼头。那么，大鬼头，接下来呢，发生了什么事？”

“我不都说了吗？恶魔正操纵着我，再由我去操纵龙丘族！”

“那么，这个恶魔呢？在哪儿？”金格再问。

这句问话让萝铃和火柴棍感觉就像置身在阴暗的地狱里，周围都埋伏着各种各样可怕的魔鬼。他们俩不约而同地带着恐惧的心情小心翼翼地打量着寝室，既想要发现恶魔的踪迹，又不希望发现恶魔的踪迹。多么复杂矛盾的心情啊！当萝铃感应到那股悄无声息的、阴魂不散的、属于萧非的魔力就在寝室的床边时，差点儿就把她当成了恶魔。她恶狠狠地瞪了虚假的灵魂一眼。这一举动使得坐在她身旁的火柴棍吓一跳，以为她发现了恶魔，连忙结结巴巴地求证。萝铃不得不摆出安慰人的神情用安慰人的口气解释，她并没有发现一丁点儿恶魔在这个房间里存在的迹象。

“不知道。”舒酷回答金格的问题，“他今天早上说他要出去办一件很重要的事，估计是回地狱补充能量了。他说他会在傍晚的时候回来，命令我不要离开这个房间，否则不仅我没命，整个龙丘族的人都会没命。你们也知道，龙丘族是没有魔力的家族，怎么可能对付得了他，即使有魔力也是个凡人，怎么可能跟恶魔对抗呢。”

“龙丘古堡不是有太史保镖吗？”纪伦问。

“原本龙丘古堡是有雇用太史家族的保镖来守卫，但都撤离了，说是要重新签订合同。太史家族新的族长要价非常高……当然，要价再高，龙丘族也要雇用呀，不然谁来保卫古堡。可是，恶魔掌控了我，而我也掌控了龙丘族，取消了雇用太史保镖的方案。”

“那么有谁知道你被恶魔操纵了呢？”纪伦问，“那个带我们来这儿的统奚知道吗？”

“不，他不知道。他知道的是我被某个恶人威胁了——我是这么告诉他的。相处了几天后，我发现他是个好人。要知道，我简直就是被恶魔软禁在这个古堡里了，我的亲朋好友都被恶魔拿来当成威胁我的筹码，我得在这个古堡里找到一个可信任的好人。我叫统奚帮我传递一封信，就是住在你们蓝白舍的那个龙丘族女孩——白如，我们俩青梅竹马，是可以信赖的人，所以请她帮我向你们求助。我等了好几天，终于把你们盼来了！”

舒酷说得头头是道，既不像一个神经病，也不像是梦游者。虽然刚开始他的言行举止不太正常，但之后显露出的是让人不得不信服的清晰的逻辑。可是，他控诉的不是一个恶人，而是一个恶魔，就很不符合正常逻辑了。

“这种异常情况，你们俩是不是问问导演，接下来应该怎样演呀？”萝铃看着金格和纪伦。

“嘿嘿，从来你知道都是壹索在指导呀！”金格笑道。

“要不然，你以为我会毫无异议、糊里糊涂地跟着你们走吗？”萝铃不屑。

“可是，说的是恶魔，这是不是太难以置信了？”火柴棍说，“如果真是恶魔，壹索也没办法吧，除非是神仙下凡才制得住了。”

“你真以为是恶魔呀？！”林德瞧了火柴棍一眼，似乎在表达一种嘲笑的心态。

舒酷一听林德这么说，着急的神色立即出现。“真的，真的是恶魔！”

“黑魔法师也常被人咒骂为恶魔，你会不会把黑魔法师当成恶魔了？”千乘说。

“我虽然没有五千年的寿命，但我十七年积累的智慧就和你五千年的智慧相当，的的确确是恶魔！”舒酷坚定地说。

不管是真正从地狱来的恶魔，还是被人咒骂为恶魔的黑魔法师，他们都要去面对和挑战。纪伦拿出巴比基，向壹索汇报情况。之后，根据壹索的指示，纪伦询问舒酷一些很关键的问题。舒酷快速、简明扼要地回答。

在经过三年的时间研究历史材料和龙丘古书一小部分复制材料后，舒酷分析出三千年前龙丘族的一位族长把龙丘古书带出龙丘古堡，前往位于龙丘森林深处的一个地洞里修行。那个地洞所处的地段由于凶猛野兽常出没，已经长达千年没人踏足。舒酷为了验证自己的研究分析得出的结论，以及怀着想要找到古书的强烈愿望，鼓足勇气进入森林深处，

找到了地洞。果然，他真的在地洞里找到了龙丘古书。而龙丘古书的旁边是一具尸骨，估计是那位三千年前带走古书的龙丘族族长。舒酷没有多思虑，迫不及待地在地洞里打开了龙丘古书。就那么一瞬间，龙丘古书里射出一道魔光。太过耀眼的魔光让舒酷不得不闭上眼睛，也就一两秒钟的时间，当他再睁开眼睛时，看见一个面露凶气的、丑陋的恶魔站在面前。之所以会认定是恶魔，是因为他长得就像电视里、图画里的恶魔一样丑陋，人类黑魔法师可不会长成这个样；另一个原因是，他自称是恶魔，而千百年来，可从未出现过有黑魔法师称自己为恶魔的。舒酷被吓得六神无主，根本毫无思考能力，更毫无搏斗的力量，来抗拒恶魔提出的要求。即使他保留了思考能力以及有魔力对抗，也很清醒地认识到凡人是绝对反抗不了恶魔的。就这样，他听从恶魔的要求，以要公布龙丘古书的内容为要挟，十分顺利地让龙丘族长老院被迫拥护他当上了族长。其实，自从龙丘古书丢失后，龙丘族长老院就定了个规定，即任何人寻回龙丘古书就会被长老院委以重任。可是，以古书要挟当族长，实在是太恶劣了！但长老院也无计可施，只能委曲求全，因为古书的内容十分敏感，如果泄露出去让天下人皆知，会给很多人造成重大伤害，而龙丘族也绝对会是引火自焚。现在，不仅龙丘古书和龙丘族在恶魔的手里，连萧龙星球也被他紧紧地捏在手掌心里。舒酷深知闯了很有可能危害全球的大祸，现在只求拼掉性命也要铲除掉恶魔。

经舒酷讲述后，想要解救舒酷的人虽不能说完全掌握，但也是对恶魔略知一二了。他们互相交换眼色，基本上确定人人都和自己持有同样的认知，即恶魔的可能性很微小，黑魔法师的可能性较大。因为传说中的恶魔只对人类的灵魂感兴趣，而黑魔法师是对人类的权力和财富感兴趣。现在，他们先安抚舒酷的情绪，要求他尽量保持冷静，耐心等待他们制订了完善的计划后来解救他和龙丘族，甚至是萧龙星球；然后，他们撤离龙丘古堡，去听从壹索的指挥准备开展铲除恶魔、解救傀儡的计划。

第十七章
龙丘古书

按照指示，他们在龙丘古堡外的观光森林与大人们会合。观光森林是龙丘森林的一部分，由于风景优美，被龙丘族开发成了旅游区。与大人们会合后，他们选择了旅游区里较为隐蔽的角落沟通信息。当几个孩子你一言我一语地把舒酷关于恶魔制造傀儡的故事讲述完毕后，马克斯立即抑制不住地哈哈大笑起来，即使处于最隐蔽的角落也引来了好奇的目光。

“说真的，在听完这些话后，我也很想像你一样大笑一顿，”金格一脸无奈道，“可惜在那个压抑的古堡里不能。”

“舒酷估计是被吓坏了，没能好好判断。”萝铃说。

“恶魔这种说辞的确是有点儿可笑，但也可以推测出一定是个很厉害的黑魔法师。”纪伦分析。

“你们别不信，真的存在恶魔哦！”月使神秘兮兮地说。

火柴棍立即打了个寒战，面上露出一丝惧怕之色。

“你别把我们当小孩骗！”萝铃斥责。

月使不辩解，仅微微一笑。

“太阳快下山了，我们先去吃晚饭，然后再去恶魔的地洞看个究竟。”壹索发话。

“去地洞？”萝铃感觉有点不安。

“为……什么晚上去？”火柴棍有点儿结巴，“为什么不等明天白天？”

“这两个胆小鬼就不需要去了，”金格笑道，“就待在酒店里看电视，等我们抓恶魔回来吧。”

萝铃狠狠地瞪了金格一眼，以显示自己并不胆小。既然逞强了，就要进行到底。再说了，又不是一个人，有那么多强人冲头阵，也没什么可害怕的。而火柴棍嘛，哪里人多他就爱待在哪里，更何况他早已不是两年前那个没有魔力的瘦弱男孩。

在黑暗的包围下，九个人影和两个狗影在森林中飞行。还有一个美丽的虚假灵魂在后头紧紧跟随。根据舒酷描述和提供的地图，他们得从观光森林飞行约五十公里才能到达恶魔出没的阴暗地段。

这五十公里的后十公里有许多十分显眼的闪光红字告示牌，都是在警告前方是杳无人迹、野兽出没的危险地段。探险的人均视而不见。不过，虽有人眼睛当看不见，可心里就有点儿犯憷了。但为了不被嘲笑，只能揪着心、硬着头皮继续前进。

进入所谓的危险地段后，大家都竖起了耳朵、睁大了眼睛，一方面是为了防范野兽，一方面是为了寻找地洞。最终还是壹索的眼睛较锐利，发现了地洞。简直可以用兴奋这个词来形容这个天生没有恐惧感的人发现目标后飞奔而去的状态。萝铃和火柴棍是最先响应壹索的人，因为他们俩根本就没打算寻找什么地洞，而是专心致志地跟在壹索的后头，并全神贯注地留意他的一举一动。壹索慢走，他们也慢走；壹索快走，他们也快走；壹索突然飞奔，他们自然是条件反射似的跟着飞奔。

天啊，真是难以置信和想象！那个白天在龙丘古堡里显露出胆小如鼠心态的胖小子竟然敢跳进这样一个黑咕隆咚的洞里！怪不得他会把黑魔法师当成恶魔，这种地洞里出现的东西基本上都会被这样认为！萝铃连连感叹。之后，她在纠结着自己要不要逞强地跟着胆大包天的人跳进这不知是否通向地狱的洞里。要不，就和火柴棍两个人在洞外等候算了。她想着，望向火柴棍。火柴棍也是一副胆战心惊的样子望着地洞。可是，转念一想，就算她和火柴棍不跳地洞，留在这乌漆抹黑的森林里也是会产生同样的恐惧心理。唉，真是纠结，真是矛盾！不过，她和火柴棍如何抉择都没用，有人帮他们做了抉择。

“我和日使先下去看看，然后你们再下来。”壹索说。

“都下去吗？”火柴棍问。

“当然，我们不能分散，这样更危险。而且我分析这地洞里一定有暗道，所以恶魔才会突然出现在舒酷的面前。”

“我真怀疑萝铃和火柴棍敢飞进这么一个洞里！”金格揶揄。

“连禁房、海底交易市场都敢去，为什么不敢进地洞？”壹索冷漠道。

“差别可大了！”纪伦感叹。

萝铃虽然没被刺激起勇气，但却被点燃了怒火。“我当然敢飞！”她傲然道，“又不是地狱。就算是地狱也敢！火柴棍，别怕！我从来就不信有地狱、有恶魔！”她坚定地说。

“呃，大家都进，我当然也跟着进。”火柴棍小声说，“我现在学会了魔法，应该不会摔死。”

“哎哟，这种勇气连真正的恶魔也要被吓住了，可不敢跑出来害人了！”月使笑道。

“要不我留下来陪小姐吧？”易克提议。

“这样吧，马克斯和千乘分别背着火柴棍和萝铃飞下去。”壹索提出了一个方案。

“不，不用，我真的可以自己飞下去。”火柴棍连忙拒绝。

“我也能。”萝铃坚决地说。由于好强的心态作祟，她的恐惧心态突然消失了。

“好了，好了，别浪费时间了，如果他们俩不愿意被别人背，就背我吧。我是十分害怕进这个地狱般的洞的。”金格一本正经地说。

“把你推下去，也不要背着你。”马克斯瞪眼。

“就这样决定了，我和日使先下去，”壹索不打算再浪费时间，“你们等信号，然后再一个一个下来，我和日使会接着你们。”

真的是决定下来了，想后悔也晚了！即使可以后悔，但害怕丢脸也不愿后悔。眼看着能做决策的那个人踩在一根短树枝上飞起，紧接着坠落洞里，消失了，完全失去了后悔的时机。

紧跟着，日使也飞了下去。其他人紧张却专注地盯着洞口，注意捕捉随时出现的信号。等待的人以为时间很漫长，其实不漫长，约两三分钟后，洞内就传来了壹索发指示的声音：

“萝铃和火柴棍先下来！”

“为什么要最勇敢的人先下去呢？”金格苦着脸，“应该是我这个最胆小的先下去才对。”

接下来的指示简直就是真的伤了金格的心：

“金格和马克斯断后！”

“该死的，就会欺负我！”马克斯咒骂，“真希望出现个恶魔收拾他！”

萝铃朝金格露出一个揶揄意味的笑容，说一句：“一会儿见，胆小鬼！”然后就踩在树枝上飞起，毫不犹豫地落进地洞里。瞬间，她听见金格的声音说：

“马克斯，你的名字在我后面，你最后一个。”

这个地洞不浅也不太深，萝铃被逗乐呵呵笑了一会儿后才到达洞底——她被日使非常稳稳地接住了。

在壹索和日使忙着接人体的时候，萝铃运用魔力的眼睛打量了一下地洞。她一眼就瞧见了舒酷曾提到的那具尸骨，很恐怖，如果她不是有人相伴在旁，非大声尖叫不可。这地洞不是自然形成，而是有人刻意建造，也许就是这具尸骨还是活生生的人时用来修行的密室，因为有打造得不太光滑的石床、石桌和石凳。她怀着惊悸的心在扫视着地洞和感受着诡异的氛围，所以即使是不大声的惊叫也能使她的心几乎要破胸而出。

“那……是……不是那个……”火柴棍结结巴巴地问。

“是的，就是那个。”萝铃因被惊吓而没好气地说，“你不是也听舒酷提起过吗，应该有心理准备不会害怕才对。”

“太黑，我看得不太清楚，只是模模糊糊地觉得是。”

“模模糊糊还能把你吓成这样！”萝铃感叹。她完全忘记了刚才自己也是害怕得很。

萝铃和火柴棍不打算再盯着不好看的骨头，都转身观看壹索和日使承接自由落体的场面。他们俩之后是月使，接着是易克、纪伦、林德，然后千乘自己飞下来……之后，发生了一件让壹索后悔做了跳进地洞寻找恶魔的这个决定。

就在纪伦被壹索牢牢接住的同时，萧非的声音十分尖锐地响了起来，就像是看见了地狱里的恶魔。她的确是遇见了恶魔，因为她在叫喊：

“恶魔！恶魔……”

也不知道她到底喊了几声“恶魔”，反正就是一直在喊。地洞里只有壹索和萝铃因为听见了这灵魂的叫声而出现了反应：萝铃目瞪口呆，壹索皱起了眉头。伴随着她的喊叫声一起出现的是金格的声音：

“我要下去了！”

“不行！”壹索立即制止。

“为什么？”金格生气，“我也要下去瞧瞧，不要待在这上面。”

“我也要下去！”马克斯也叫道。

壹索不理会他们的不满。他对日使说：“我们得上去。”

除了萝铃外，其他人都很不解。

“为什么？”日使问。

“上去再说。”壹索完全含糊地回答，“我先上去，接着是萝铃，易克你断后。”

“好的。”易克回答。

壹索十分快速地飞出地洞。紧接着萝铃也往外飞。萧非一直没有停止重复地叫喊同一个词，令人既紧张、害怕，又很恼火。而且她的声音不是集中在同一个方向，而是四面八方，似乎是被恶魔在追逐。

果真如此！当萝铃出洞后，就感觉到附近有两股魔力一前一后，就像是一个在快速地逃跑，一个在快速地追赶。可逃跑的一直在绕圈子，追赶的也就跟着绕圈子。

“萝铃，一会儿我们俩得灵魂出窍去看看到底发生了什么事。”壹索说。

虽然萧非不停地叫喊让萝铃感到害怕，但由于壹索就在身旁，也就尽量鼓足了勇气。她点了点头。

“为什么要灵魂出窍？”金格说着扫视四周，“啊，有一股魔力在那儿！”他也感应到了，不过只是其中之一。

“没错，怎么像是一股发了疯的魔力！”马克斯也感应到了其中之一。

壹索不回应他们的问题。等所有人都从地洞里出来后，壹索就告知他刚下的令人莫名其妙的决定，并特别叮嘱墨夷家族以外的人要保护好他和萝铃的躯壳。

萝铃和壹索都坐在杂乱而肮脏的草地上，闭上眼睛。

当浓雾一出现，萝铃就迫不及待地奔跑进去。

“好玩，好玩，真是太好玩了！”紫眼灵魂就像个孩子一样又是跳跃又是拍手，“要去抓恶魔了！”

“别像个傻子，正经点儿！”萝铃责备。

“It is just a joke! [1]”紫眼灵魂瞪眼说。

注①：开个玩笑！

这个节骨眼可不是开玩笑的最佳时机！不过，的确是要去抓恶魔。她很焦急，虽然雾散得非常迅速。看见了！萧非惊恐地在空中飞。看见了！有一个人在萧非身后追逐。啊，是那些把脸画得像唱京剧的人！可是，他们不是应该被关在茉莉花岛墨夷家族的监牢里吗？萝铃急迫地想要寻找壹索的灵魂。她左看，没有，右看，没有，转身看，背后也没有。她立即心慌。然而当她转回身时，就看见壹索正在抓“恶魔”了。

一道魔光直奔“恶魔”的心脏。

“解咒！”“恶魔”放弃追逐萧非，选择自保。

战斗一触即发。壹索和“恶魔”你来我往，很快森林里魔光魔影交织。那些没有灵魂出窍的人立即觉察，几个惊异的声音在森林里回响。

萧非看见“恶魔”被拦截，像泄了气的气球一样从空中落到地上。但她嘴里还在“恶魔！恶魔！”喊个不停，只是声音小了很多。

萝铃烦躁地跺脚。“你闭嘴，不要再叫‘恶魔’了！而且，他并不是恶魔。”她希望她的解释能让这虚假的灵魂真的闭嘴。

“那胖小子不是说恶魔很丑陋吗？”萧非回应，“这人就长得很丑，而且很厉害，不是恶魔是什么东西？”

“他不是东西，是人。而且他的脸并不丑，是一种脸谱。唉，跟你也说不清楚——你根本不懂。不过，他为什么要追你？”

“就在你们进地洞的时候，他躲在一棵树后偷看，于是我就去偷看他。然后他就发现了我，就想要抓我。我当然就赶紧跑。”

“你不应该去偷看，而是应该赶紧告诉我。”萝铃责备道。

可惜萧非毫不介意被责备，正饶有兴趣地看着面前的两个灵魂的战争。

“可是，你不是说你可以让人看不见你吗？”萝铃有疑惑。

“是的。可是这个恶魔和壹索一样厉害，他能发现我，虽然我施展了隐身魔法。这是一种很高深的魔法，不是我的师父教的，而是我天生就会。”萧非突然朝萝铃看过来，露出诡异的笑脸，“是我们的灵魂保存的前世的记忆。如果你揭开了尘封已久的记忆，你就会知道许多高深的魔法。不过，只要是人的魔法，就一定会有弱点。”

萝铃愣了一愣。不过，很快她就了解萧非一定是指墨夷老人的记忆——墨夷老人的魔法。而且，很快她就发现，“恶魔”是真的想要抓住萧非，而不是单纯的因为她偷看。

萝铃和萧非两个灵魂，一个带着看戏的心情，一个带着焦虑的心情，在全神贯注地盯着壹索与“恶魔”之战，并没有察觉到异常。直到她们都听到了一句似乎是严重警告，也似乎是单纯表达的话：

“啊，又有一股魔力出现了！”

被惊吓后，她们急忙搜寻。可是晚了！一道魔光迅速地射进萧非的身体里。这时，萝铃也发现了另一个脸谱人，她急忙抓住紫眼灵魂的手飞空躲避了朝她而来的魔光。她看见倒在地下的萧非被脸谱人抓住，然后飞进茂密而阴暗的森林里。怎么虚假的灵魂也会被魔光伤害吗？她在不解的同时心急如焚，抬起手正想要发射魔光阻止时，壹索的制止声音出现：

“萝铃，赶快回到躯壳里！”

原来和壹索对战的脸谱人在第三个出现的脸谱人的掩护下已回到了自己的躯壳，即将要淹没在森林里。也就是这一瞬间，日使已经加入战场援助壹索，正和第三个脸谱人交手。

魔法的战场真是变幻莫测啊！萝铃一下子分辨不出这眼前出现的到底是有躯壳的灵魂还是没躯壳的灵魂。不过，她可没时间思考，只能慌乱地跟在壹索后头往躯壳里飞奔而去。

萝铃钻进躯壳里的瞬间，她听到了早已回到躯壳的壹索下令：

“追，他们的目标是萧非！”

“萧非？”好多声音表示震惊和疑惑。

现在可不是缓解震惊和解答疑惑的时机！包括回到躯壳的萝铃在

内，众人朝三个脸谱人逃跑的方向飞进黑暗里。千乘背着林德紧跟在后头。最震惊的莫过于龙狗了，一听到旧主人的名字后就喃喃自语了好一会儿："萧非，她不是死了吗，怎么在这里？她不是死了吗……"直到林德不耐烦地制止："你不要学那些小鬼头，要学我，对任何奇怪的事都不要感到奇怪。都活了五千多年了，还那么没见识！"千乘这才闭上了狗嘴。

"我怎么觉得到处都有魔力的气息？"萝铃觉得不可思议而问。

"是呀，这么多恶魔我们怎么打得过！"马克斯不知是不是因惧怕而说出这句话。但这有点儿不符合他天不怕地不怕只怕壹索的胆子，更像是一个笑话。

"这是反追踪的障眼魔法。"日使回答。

"金格，放出火鸟！"壹索命令的口气，"他们比较敏锐……"说着，他手朝口袋一拍，"百里！"

"好的。"金格回答。

话音刚落，有魔光在金格和壹索的身上闪现，然后飞出两只火鸟。

百里和鬼鬼一离开主人的束缚就马上听令高飞，开通了火鸟专属的探测人类魔力的功能。仅几秒钟，百里和鬼鬼都同时飞向西方，并鸣叫提醒主人。

"是西方！"壹索率先跟上火鸟的速度。

"发现了就喷火呀！"金格叫道，"真是死脑筋的鸟！"

"呵呵，有什么样的主人就有什么样的宠物！"月使笑道。

"要不是这死脑筋的鸟，今天就不能找到那些人，就不能解救舒酷了。"纪伦说。

"我对龙丘族族长和龙丘古书可一点儿也不感兴趣。"月使不以为然。

"哼，要不是这样的宠物，你这墨夷家族人今天就发现不了那些异世界人的行踪了。"萝铃怒不可遏地给了她一顿抢白。

"原来他们就是你说过的异世界的人！"纪伦恍然大悟，"原来那就是速度极快的光轮！"他赞叹。

“嗯，异世界人倒是我感兴趣的。”月使说。

“看来有很多异世界人潜入了萧龙星球。”日使显得有点儿忧虑。

“怎么我们的祖先离开异世界后他们就进化成这副模样了，真是丑死了！”马克斯用厌恶的口气说，“怪不得被那胖小子当成了恶魔。”

“那是中国的一种脸谱，并不丑。”萝铃不满地说，“那是艺术，你这个傻瓜根本不懂。”

“异世界怎么跟中国的艺术扯上关系了？”马克斯问。

“拜托你用脑袋思考一下再说话好吗？那是伪装！”

“那你就直接说伪装嘛，偏要说成艺术，”金格说，“他那不思考的脑袋怎么会明白。”

这几个人虽嘴皮子耍得不亦乐乎，但飞翔的速度毫不迟缓，一直紧紧跟在壹索的后面。就在马克斯被激怒想要和金格斗嘴而叫出两个字：“你这……”时，他们发现了脸谱人的身影，壹索立即下禁声令，马克斯被迫把剩下的话留在脑袋里说给自己听。

三个脸谱人虽飞在前方，但发现后面有人跟踪，速度更加快了。而追捕的人也跟着加快速度。两只火鸟一直和脸谱人平行，不断地鸣叫。

要是火鸟肯听从命令向脸谱人发动攻击就好了！萝铃感叹。但她深知火鸟生性善良，除非自己或主人受攻击，不然是不会主动攻击的。而两只火鸟的主人——金格和壹索——更是对此有十分深刻的认识，所以都沉默不下令。所以，金格刚才才会十分气恼和无奈地发出感慨。

由于脸谱人脚下的光轮速度极快，追捕的人的飞行棍是无法相媲美的，所以双方一直保持着不长但也不够准确发射突袭魔光的距离。这使得追捕的人当中有好几个出现了焦躁的心理，都明明白白地显露在脸上。

既然不能力取，只能运用大脑智取。在发现脸谱人的身影约有五分钟后，壹索似乎彻底放弃力取，决定智取，他指示：

“萝铃，你喊一下萧非。”

萝铃一愣，“可是她已经昏迷了。”

“她夺取了那么多别人的魔力，可强大得很，你大声不断喊叫，说不定她会听到你的声音而苏醒。”

一听这话，萝铃立马张开嘴巴大声喊叫：“萧非！萧非……”她决定在萧非听到她的声音而苏醒之前，或是壹索制止之前，拼了让喉咙破掉也不会停止呼叫。

毕竟她们是黑暗和光明组合而成的合作伙伴，毕竟她们一个前一个后拥有了同一个强大的灵魂，所以她们是十分特异的心有灵犀。萝铃不知道萧非在她喊叫第几次时睁开了眼睛，但她知道在她感觉喉咙真的很需要一点儿湿润时，萧非发出了声音：

“救我！”

这一求救声出现后，令某些人兴奋的事出现了：一股魔力竟然像一条泥鳅一样滑出了脸谱人的“囚笼”！

“她醒了！”萝铃高兴地说。

“等这件事完后，你们得说说你们都隐瞒了些什么秘密！”月使笑道。

“坦诚的人才能得到别人的坦诚！”壹索冷漠地说。他朝前方发出一条魔光。可惜，距离太远，根本碰不到任何一个脸谱人的一点儿衣角。

不过，看来萧非真的是脸谱人的终极目标，他们竟然放慢速度开始重新抓捕逃出他们手心的灵魂。这一来，追捕的人立即有机会靠近。马上，魔光四起，形成了枪林弹雨的紧张局面。脸谱人不能再执行抓捕虚假灵魂的行动，只能展开自卫反击战。

这一次的交战和刚才不一样。即使是某些自尊的人也会为了正义之战和追求速度而暂时放弃公平对决的想法。为了能够快速地拿下脸谱人，九人两狗很有默契地围攻。三个脸谱人再有本事也不得不手忙脚乱。躲了孩子的束缚咒，躲不了大人的晕眩咒；挡了魔族人的Bo dot咒，挡不了墨夷家族人的Zuan ma diu咒；防了龙狗的魔光，防不了火鸟的火焰。仅几分钟，三个脸谱人分别昏倒、哀叫和着火。最高兴的莫过于萧非，看见绑架自己的犯人被击获立即高兴地拍手称快。

壹索、日使和易克分别替三个脸谱人解除了咒语，然后由金格、马克斯和易克各自监看。束缚措施看起来万无一失后，壹索开始审问。

“你们是谁？”

三个脸谱人均不回应，甚至都闭上眼睛。

“你们有什么目的？”壹索的脸就像被冰冻住了，阴冷得很。

还是被漠视了。

这时，有人耐不住了。月使走上前。“哎哟，你这种死脑筋的审讯法是行不通的！”

“好，你来审。”壹索立即后退，似乎巴不得有人强出头。

月使望向日使，“不知这三个人是不是我们抓的那三个？”

日使手中的巴比基放进口袋里。“不是，还被囚禁着，没一个跑出来。”他回答月使的问题。

月使一听完日使的话，立即满面笑容。她走近脸谱人，说：“那我可要好好折磨他们了！之前那三个可是受不了那种想死也死不了的痛苦，什么都招了，现在就看你们能不能受得了了。”

真是说谎的本事达到了面不改色、炉火纯青的地步！萝铃暗嘲。也许是脸上厚厚的白粉遮住了吧。不过，有时候就得需要这样的人。可是，她要采取什么审讯方法？会不会很可怕，很痛苦？心里一冒出这样的疑问，她立即感到恐惧地打了个寒战。

刚好月使回过头来看到了萝铃的内心引发的瞬间身体反应，立即诡异地微笑，面向犯人，说：

“看，我们的小姑娘都害怕得打战了——她可是最了解我的审讯手段的。”她再回过头来，“你们是要看着我审讯，还是害怕得要避开一会儿？”

“嘿嘿，我最喜欢看你审讯犯人了！”金格开心地笑着说，“特别是那些自以为很坚强，嘴巴逞能，结果受不了痛苦不得不求饶的人。那痛苦的表情哀求的时候，真是太过瘾了！”

看不到脸谱人的面色，但从他们睁开了眼睛，并微微颤抖了一下身体来判断，他们内心的壁垒出现了缝隙。

“我也要看！”纪伦也一脸兴奋地说，“上次那个脸谱人痛苦得连求饶的力气也没有的样子真是太有趣了！”

萝铃知道这是心理攻击战术，内心和面部很自然，火柴棍似乎不知道，面上出现了一丝惧怕之色。可是，他这种此惧怕非彼惧怕也许会给不了解的脸谱人造成一定的心理压力，因为他们都瞧了火柴棍一眼。

“你们这些孩子！来，跟我走，回避一下。”易克正色道，也加入了心理攻击战的队伍里。

“不，我要看！”金格强烈反抗，“上次那个人差点儿自己挖出自己的眼睛，真是太壮观了！我要看看这三个人有没有更壮观的，例如……”

“挖出心脏！”马克斯一脸兴奋地说。

福斯特家族人的这句话彻底击毁了脸谱人的内心壁垒！有两个声音同时出现：

“我说！”

“你们想知道什么？”

“你呢？你要说吗？”月使问没有吭声的那个脸谱人，“如果你不说，那我就只带你一个人去审讯，另外两个就在这里舒舒服服地待着。”

心理还没被击毁的脸谱人还是没吭声，但面色煞白。

“好吧，就你一个了。”月使说，“马克斯，把他带过来。”说着，月使朝别处走去。

“好的。”马克斯兴奋地抓起要审讯的犯人，一脸开心地跟着月使。

两分钟后，消失在森林里的月使和马克斯不知对被审讯的犯人用了什么刑，立即出现了一种令人寒毛直竖的尖叫声。

壹索皱了下眉头，示意易克去探究。然后他用阴冷的面孔面对正“舒舒服服地待着”的两个脸谱人（他们的脸完全没有了血色），问：

“你们是异世界人？”

“是的。”两个脸谱人同时回答，就好像在抢功劳。

“你们脸上是怎么回事？”

“这是脸谱族的特征。”右边的脸谱人回答。

“要用特殊的方法才能去得掉。”左边的脸谱人补充。

这时，易克遵照指示去探究后回来汇报，意味深长地说月使和马克斯正在很残酷地用刑，请壹索放心。壹索表示很满意地点点头，然后继续审问由于投降而没被残酷用刑的两个脸谱人。这两人的内心显然已经完全崩溃了，一五一十地全部交代了脸谱族的计划。

脸谱族是Lam pia世界里的脸谱王国的统治种族。脸谱王国是一个新建的王国，只有一百多年的历史，人口不到一千万人，将近百分之九十是脸谱族人。之所以取名为脸谱族，是因为脸谱族的创族人曾到过地球的中国，对中国的京剧着迷，所以回到Lam pia世界后就决定把这种属于地球的艺术在异世界里推广，创建了脸谱族。这位脸谱族的创族人不仅对艺术很着迷，而且还是高深级的魔法师。他研制出一种颜料，涂在脸上后除非用他研制的去色液来清除，不然永远也清除不了。他还研制了一种飞行器，即太阳能光轮，飞行速度是Lam pia世界所有飞器中最快的。他招募了一批信徒，在征战了十年后占有了一块地，创立了脸谱王国。这个王国的阶级结构是：金脸（总统），红脸（长老），依次下去是紫脸，蓝脸，黑脸，白脸，而绿脸是社会地位最低的阶层。Lam pia世界一直都很想找到魔法的创始人——Ma san，因为传说他有很多高深的魔法没有传授出来。多年前就已经有黑白世界的人潜入萧龙星球，搜集到了一些很有意义的情报。去年，脸谱族也制订了寻找魔法创始人的计划，派了一个代号为“脸谱”的精锐部队来到萧龙星球执行。脸谱部队曾和幽灵族、巫术族接触过，想要拉拢这两个极有野心和欲望的魔力种族叛变；曾潜入茉莉花岛的魔力神殿，想要探查魔力神的讯息，不过探查小分队被墨夷家族发现并逮捕囚禁了起来。最近，脸谱部队和萧龙星球的一个秘密组织——魔力起源研究会——接触，探知到龙丘族有本龙丘古书，里面的内容可以给整个萧龙星球造成巨大的波动，所以他们就潜伏在龙丘族里伺机夺取。潜伏了两个月后，他们发现了舒酷，跟踪他得到了龙丘古书，威胁他夺取了龙丘族的族长职位。接下来的计划是，利用龙丘族一步一步吞噬整个萧龙星球。

“脸谱部队还有多少人？”壹索问。

“一共十个分队，还有八个分队各自执行任务。每个分队只清楚自己的任务，对其他分队不了解，只有总队长才了解和掌握各个分队的情况。”

“龙丘古书呢？”

“由队长保管。”两双眼睛投向尖叫声的方向。

壹索的目光离开两个脸谱族叛徒。“去叫他们回来。”他吩咐易克。

易克立即飞向残酷的尖叫声。

当月使和马克斯抓着另一个脸谱人出现时，有些人顿时惊讶，而那两个叛徒简直就像是看见了世上最稀奇古怪的事物。那个一直让人听到残酷的尖叫声的脸谱人就在众人面前，一点儿也不像是被用过酷刑的人。他正用恶毒的目光盯着两个叛徒，就好像希望自己的目光变成一把刀，将叛徒千刀万剐，甚至能推落地狱被油炸更是快哉。

“月使小姐，你这是隐形酷刑嘛！”金格笑道。

“什么隐形！我喉咙都要喊破了！”马克斯面色十分不悦。

“原来是你在叫呀！”火柴棍似乎是松了口气。

“难道你没听出来？”纪伦笑着拍了拍他的肩膀。

“谁会想得到。”萝铃说，“要知道，这个女人恶毒得很，用酷刑对她来说不在话下。”

“没错，这小姑娘说得对，你们俩最好不要惹我不高兴。”月使朝两个脸谱族的叛徒眨了眨眼睛。

易克正在搜队长的身，最后搜出了一本有点儿破旧却很有分量的书。他把厚重的书交给壹索。壹索手疾眼快地翻看龙丘古书。月使带着笑容靠近壹索说也想看看，结果被壹索一瞪眼就打消这念头而迅速远离。几分钟后，壹索合上龙丘古书，不再翻看，也不知他到底有没有一目十行的本事，将整部书看明白了。

“这是龙丘写的日记。”他说。

“内容很震撼吗？”纪伦好奇地问。

“有没有说如何灭掉墨夷家族？”金格笑道。

“有没有说龙丘族的财宝在哪儿？”马克斯也笑道。

“有没有说让这两个人永远也说不出话的魔法？”萝铃无奈地说。

“有没有说让萧龙星球各种族不再争斗的方法？”火柴棍小声问。

“哎哟，还是火柴棍博爱呀！”月使笑着感叹。

壹索和日使也投去赞赏的目光。金格和马克斯立即摆出不以为然的表情。

就在这时，属于萧非的那股魔力靠近壹索。“这部书的最后一页是空白的……”

“是的。怎么了？”壹索有点儿疑惑地回答。

“嘿嘿，我又可以提供帮助了！”萧非感叹。

壹索的自言自语令人感到诧异，纷纷好奇地询问。萝铃知道隐瞒不了，只好告知原因。

“什么帮助？”壹索再问。

“这是有人特意制作的一张魔法纸，只要放在缥缈碗里燃烧，就可显形或是显声。不过，在我当总统的时代，只有我知道这种魔法纸的制作方法，怎么会……”萧非好像在流露出不解的表情。

不过，她提供的这个“帮助”很重要，不得不重视。马上，壹索采取措施。

“萝铃，拿出缥缈碗。”他说。

“缥缈碗在家里，忘记了，没带在身上。”萝铃立即沮丧。

壹索皱眉。不过，很快有人让他展开眉头。

“我想也许会有用，叫金格带在身上了。”纪伦说，示意金格拿出缥缈碗。

金格立即无奈地摇头。“你干吗那么早说，我还想看看萝铃会不会被逼哭呢！”说着，他手一挥，魔光闪现。一个碧绿色的碗出现在他手掌里。

“你们这些男孩子就会欺负女孩子！”月使笑道，“萝铃，别难过，以后找机会整治他们。”她想拍萝铃的肩膀，但被萝铃不屑地迅速躲开。

壹索示意金格捧好缥缈碗，然后撕下龙丘古书的最后一页纸放在碗里。这一举动立即让龙狗恍然大悟，就像是解开了一个思索了很久的数学题一样欢呼：

“原来那是显影魔法纸！”

龙狗此话一出，萧非立即拍手欢呼，称赞自己曾经的坐骑记性好。而几个无法听到她的话的人同时问：

“什么东西？”

“就和显影液一样，在这碗里燃烧后就能显形显声。”千乘解释。

“你这千年老狗还真是有见识呢！”林德感叹，“我从没听过有这东西。”它似乎有老人痴呆症，这么快就忘记了它刚才曾责备活了五千多年的龙狗没见识。

“这是萧非研制的，我当然了解。她这个人心胸狭窄，很多高深魔法都不外传的。没想到龙丘竟然知道这种魔法。”

龙狗这段话立即让萧非不开心了，叫道：

“你这大逆不道的狗，当年真该杀了你！”

可惜龙狗只知道她在附近，听不到她的声音。也似乎龙狗很不喜欢这个旧主人的为人，有了新主人后就不在乎旧主人的感受了，更何况有新主人保护，根本不害怕会被旧主人伤害到一根狗毛。

“龙丘这没有魔力的叛徒哪懂得制作这种魔法纸，肯定是在叛变前偷我的。”萧非控诉。

可惜能听到她的控诉的只有壹索和萝铃两个人，而他们都不在乎。

壹索先示意所有人准备好，然后他朝缥缈碗发射出一道魔光。碗里的魔法纸立即燃烧起来。众人朝火焰投射出十分好奇的目光。即使是虚假的灵魂也抑制不住地期待着。

当魔法纸燃烧完毕后，几缕烟雾慢慢地上升，慢慢地膨胀，慢慢地形成一面雾墙，然后显现出画面。

一个中年男子憔悴地躺在床上，另一个中年男子焦虑地坐在床边。

“龙瑀族长，你怎么能以身试毒呢？”

“龙丘，我曾经因为轻信而犯了大错，不，是一种罪过，罪不可赦！所以，这一次我必须要确定，百分百地确定。没想到，真的没想到啊！”床上的男子突然像看到了恶魔般微微颤抖起来。

“你都看了检测报告，还……”床边的男子哽咽得说不出话来。

“恶魔，真的是恶魔！”龙瑀感叹。

“这个恶魔怎么说？”龙丘问。

“她说这是为了和平而必需的手段，是为了更多的人的幸福而必需的牺牲。”

“不，这是为了她的野心而必需的手段，是为了她的欲望而必需的牺牲。恶魔最喜欢的就是吞噬人类的灵魂！”龙丘激动地说。

“是呀。而我是恶魔的帮凶！”龙瑀再次感叹，“不过，她答应我会封印萧族人的魔力，以后萧龙种族就是一个非魔力的种族，再也不会出现魔法大战，再也不会出现魔药了。”

“你怎么能相信恶魔的话呢？”

“是呀，我曾受过骗，怎能再轻信呢！”

“你应该在看了检测报告后就立即处死这个恶毒的女人，为被她害死的族人报仇。你不应该用这种自杀的方式来忏悔你的过错，你应该坚强地活着服务族人来赎罪。”

“对不起，龙丘，我选择了这种懦弱的方式。”

“自杀是一种无意义的举动，即使你想自杀，你的理智也不应该让你走上那条绝路，原因正在于这个举动是无意义的！”

“自杀是无意义的举动？”

“是的，你有太多有意义的举动可以代替它。”

“有意义的举动？”

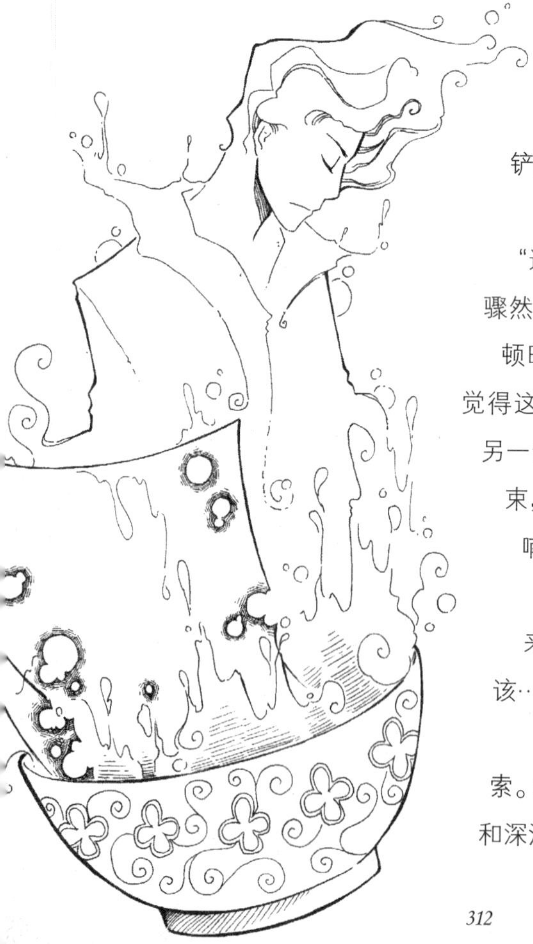

“我就做了许多有意义的举动。”

“你做了什么？”

“我找到了一个可以铲除恶魔的人。”

“谁？”

“这个人就在我的记忆里……”

骤然，画面消失了！

顿时，观看者们议论纷纷，几乎都觉得这是不太有意义的一张魔法纸。另一边，是一个从画面开始到画面结束，一直都在空中乱飞，嘴里不停地喃喃自语的人：

“我不是恶魔！我已经自杀来赎罪了！自杀是无意义的，不应该……”

萝铃不想理会萧非，她望向壹索。她发现他正用一种陌生的阴冷和深沉在盯着缥缈碗里的灰烬。

“浪费时间，可以回去睡觉了吗？”马克斯问，“真是累死了！”

众人的目光都投向壹索。

壹索没回答。他从口袋里拿出巴比基，放在耳边。他在倾听，似乎是某人的魔音传递。当他把巴比基放回口袋后，回答了马克斯的问题：

“我们去找吸血族。”

“嗨，这是明天的事，明天再说。”马克斯不耐烦地说，“赶紧回去睡觉吧！”

“不，现在就去。”壹索很无情地剥夺了马克斯想要做美梦的愿望。

马克斯立即强烈抗议，金格也跟着抗议，连月使也说实在太累，撑不住长途飞行。但壹索一意孤行。其实，不管是抗议的人还是没抗议的人都明白，从日出洲搭空中快车到魔力洲需要三个多小时，而此时已是凌晨四点，如果吸血族一行急迫的话，只能此时起程。

月使马上召来墨夷家族的灰袍人把三个脸谱人押送到茉莉花岛的大牢里。而纪伦通过巴比基与舒酷联系，表示恶魔已经被铲除，他可以安心地当龙丘族最年轻的族长，或者退位让贤。日出洲这片土地上应该没有需要他们去处理的事了，于是，他们离开阴暗的森林，搭上空中快车，回魔力洲。

第十八章
吸血族的獠牙

一辆太阳能车在森林里奔驰着。奇波洛城堡在望。

“罗洛利一直都挺支持萧龙种族，应该问题不大。”利夏说。

“这……可说不好。”莫明犹豫了一下，“我收到消息，说波利长老似乎最近在掌管吸血族的事务。”

“波利长老不像是那种有野心和欲望的人。”

“从他处心积虑利用萝铃取回祖先的灵魂这件事来看，他可不是个没有野心和欲望的人。而且，就在那个婴儿出生后，他就开始插手族里的事务了——罗洛利跟我抱怨过。”

“我听说他给这个婴儿取了曾祖父的名字——澄碧。看来，这真的是他的曾祖父转世了。”

“壹索他们能赶来吗？”

“他们已经在路上了，应该快到了。”

“如果吸血族不给萧龙种族面子，那就希望能给魔力神信使面子了！”

“嗯，不然我们就真的是四面受敌了！”

车子停在了奇波洛城堡外。

“格木，你就在这里等，”莫明下车前吩咐，“如果壹索他们到了就通知我一声。”

“好的。”格木回应。

城堡门口，管家罗奥洛早已在等候。他恭敬地招呼两位客人进入城堡内。几分钟后，莫明和利夏坐在了会客室里，面对着吸血族的族长——罗洛利。

“实在抱歉，波利长老实在是太固执了！”罗洛利带着歉意说，“我叫美琪在劝他，希望有效果。”

“没关系。”莫明淡然道，“你是一族之长，和你谈就可以了。”

罗洛利面上掠过一丝为难之色。但是，他说：“莫明族长请说！”

“不知吸血族对于萧龙种族封印魔力有何看法？”

“前几天本族长老院开例行会议时讨论过这个问题，大部分长老都认为这是历史遗留的问题——其实也不是什么问题，封印魔力与否是萧龙种族的选择，其他种族不应干涉。每个种族都有秘密，只要没危害到社会，就要尊重他族的隐私权。事实上，萧龙种族把魔力封印了起来是一种牺牲啊！每个种族，每个人，都想要变强，而萧龙种族人却削弱实力以求能与绝大多数的萧龙星球人平等，以平等的姿态去管理这个星球，是很令人敬佩的。莫明族长，萧龙种族封印魔力这件事并没有让吸血族有很多负面的评论。”

“很感谢吸血族的理解！五千年前的魔法大战生灵涂炭，萧非总统一定是不希望再发生这样可怕的战争才决定封印萧龙种族的魔力。她是希望人们用魔力来发展社会，而不是成为人们手中的武器。几千年来，在全球人民的支持下，萧龙种族可以说把国家建设维护得很好，不仅人民的生活富足了，也大大缓解了非魔力种族和魔力种族之间的矛盾。目前来说，在萧龙星球所处的这个宇宙里，在与地球相比下，萧龙星球不仅科技、经济是最发达的，而且种族争斗也是最少。这除了全球人民热爱和平外，还有萧龙种族一直以来都秉持着各种族团结友爱的理念来发展和谐的社会。特别是最近这几年，有了很大的进步，例如：魔力种族可以进入政府机构任职，非魔力种族的孩子和魔力种族的孩子坐在一个教室里一起求学。遗憾的是，无论全球人民是如何强烈地希望和平能永恒地持续下去，无论萧龙种族做了多少团结各种族的决策，还是扼制不了某些人贪图财富权力的野心和欲望。没错，萧龙种族是萧龙星球的统治种族，掌控这个国家的政权有五千多年了。但是谁赋予了萧龙种族这个权力，而萧龙种族又是如何一直能掌控这个权力呢？靠夺取？靠镇压打击异议？五千多年啊！这漫长的岁月就是关键啊！萧龙种族被人民赋予了政治权力那一刻起，就有很清醒的认识，即：民之于仁也，甚于水火。萧龙种族在五千多年的发展这个国家的道路上，一直有很坚定的信念，即：知及之，仁之能守之，虽得之，必失之。知及之，仁能守之，不庄以莅之，则民不敬。知及之，仁能守之，庄以莅之，动之以礼，未善也[①]。所以，萧龙种族才能在五千多年这漫长的岁月里一直得到人民的拥护和支持。遗憾的是，这是一个人类的世界！人与生俱来的欲望如果不控制必然激发出掠夺之想，掠夺之想如果不控制必然激发出强取豪夺，强取豪夺如果不控制必然激发腥风血雨。现在，萧龙星球某些种族因为欲望而激发出了掠夺之想，所以一定要加以控制才行。萧龙星球不能再次承受因强取豪夺激发的腥风血雨。”

“莫明族长是指？”

“最近，幽灵族和巫术族联盟，”利夏说，“正拉拢更多的种族加入，意图推翻萧龙种族的政权。可是，萧龙种族的政权是人民的政权，国家领导人都是通过人民公平公正选举出来的，这也就是说这个联盟意图推翻人民的政权。这五千多年来，哪一届总统不是由人民选出来，包括第

注①：孔子《论语》，依靠聪明才智得到的职位，如果不能用仁德去守住它，虽然得到，也必定会失去它。依靠聪明才智得到的，能够用仁德去守住它，但如果不用庄重严肃的态度去行使自己的职责，百姓也不会敬服。依靠聪明才智得到的，能用仁德去守住它，又能用庄重严肃的态度去认真对待，但是如果行动不符合礼义，也不能算是完善的。

一任总统萧非；又有哪一位总统不是在为人民办事、谋幸福！幽灵族和巫术族这是在给萧龙种族定一个莫须有的罪名，想要夺取属于人民的天下啊！如果幽灵族和巫术族对治理国家有建议，完全可以通过协商这样和平的方式来和萧龙种族沟通。事实上，多年来，萧龙种族一直很重视各种族对治理国家的意见。可是，现在他们要发动讨伐战争，想要以武力夺取政权，这不是狼子野心，昭昭在目吗？！”

罗洛利一直在皱着眉头。“幽灵族和巫术族派过使者来游说吸血族，但被吸血族拒绝了。吸血族是绝对不会参与任何战争的。听说，巫术族和幽灵族到处游说。不过，莫明族长和利夏洲长请放心，吸血族是绝对不会加入这样反动的联盟，而是严厉抵制和谴责。”

“我相信吸血族是热爱和平的种族。我相信全球很多种族都热爱和平，不愿看到战争爆发。不过，讨伐之战可以说是很有可能发生的，所以萧龙政府要做好万全的准备。如果真的发生战争的话，魔族已经答应全力支持萧龙种族。我很希望吸血族也能加入我们这个阵营里，坚决抵御战争。”

就在这时，会客室的门被打开了。波利长老一脸严肃地走了进来。罗洛利、莫明和利夏连忙起身相迎。

“吸血族谁也不帮！”波利长老安坐后严肃地说，“魔力种族也好，非魔力种族也好，从没把吸血族当成一家子，都觉得吸血的怪物是这个星球上的异类。”

“波利长老……”莫明欲开导。

波利长老伸手示意阻止，“你们这些道貌岸然的政治家，那些冠冕堂皇的说辞去骗骗愚昧的民众可以，别来骗吸血族。没必要进行政治辩论，我们井水不犯河水。我建议你们还是赶紧想办法为封印了魔力的萧龙种族人解封，凭自己的力量去抵御外敌吧。”

莫明从口袋里取出巴比基，并为他这个举动说声抱歉。看了巴比基的屏幕后，他露出一丝喜色。就在这时，会客室的门被人从外面敲了几下。

“请进。”罗洛利看着房门。

门被打开。美琪走进会客室里，带着异样的神情。

“怎么了？”罗洛利问。

美琪走到父亲旁边咬耳朵。罗洛利很快显露出惊异之色。莫明和利夏彼此交换了会心的眼色。

“什么事？”波利长老问。

“是……是魔力神信使来访！”罗洛利说。

波利长老也显露出了惊异之色，并且立即起身。“已经来了吗？”他问美琪。

“罗奥洛管家已经把他们请进另一个会客室了。”美琪回答。

“叫罗奥洛恭请他们到我那儿去。”波利长老吩咐。

“好的。”美琪说着，快步离开会客室。

“莫明族长，你也听到了，请原谅我失陪了。”波利长老说。

莫明怎会在意他的失陪呢，高兴还来不及，并且恭恭敬敬地目送波利长老离开。

奇波洛城堡的另一个会客室里。八位黑袍黑面具的魔力神信使在耐心等候。他们就是：萝铃、纪伦、壹索、金格、马克斯、火柴棍、月使和日使。

“波利长老对墨夷家族了解多少？”壹索问。

“他怎么会了解？”月使反问。

“你们不是囚禁过他的妹妹吗？”

“那是魔力神囚禁，可不是墨夷家族。他妹妹莉丽企图谋杀魔力神最忠诚的信徒，即祭司族的族长贝娜，所以才会被魔力神判处无期徒刑，被祭司族囚禁在茉莉花岛里。”

“波利长老不知道墨夷家族？”

“当然不知道，如果知道了他还能那么长寿吗？”月使笑道，“吸血族的魔法也是墨夷家族教的，自然也和其他魔力种族一样有弱点被墨夷家族掌握着。你放心，如果一会儿你对付不了这个老狐狸，就由我来对付。”

“是呀，同类比较了解。”萝铃揶揄道。

“我的好妹妹，如果你想活得更长、更好，最好也要成为这一类。晓晓已经成为这一类了。”

萝铃别过脸表示不屑。

“她为什么要谋杀祭司族的族长？”壹索再问。

“哎哟，你现在才来了解这些！而且，你不也说过嘛，坦诚的人才能得到别人的坦诚，你可是隐瞒了好多事，我为什么要对你坦诚呢？”

壹索的蓝眼睛紧紧盯着她。

“好吧，好吧。”月使无奈地叹口气，“也不知道这老头从哪儿得到的讯息，说是这世上最靠近魔力神的茉莉花岛的祭司族有种秘方，可以解除吸血鬼的吸血的欲望，所以他打听到贝娜族长在奇文镇，就前往请求贝娜族长赠予秘方。墨夷家族当然有可以解除吸血鬼吸血欲望的秘方。但怎能给他呢，要知道这可是控制吸血鬼的秘方啊！求取不成，他便想武取，叫他的妹妹袭击贝娜族长，结果在交战中这个女吸血鬼起了吸血的欲望，把整个奇文镇的人都咬了。后来，就被我们抓住，囚禁在茉莉花岛里。”

壹索还是盯着月使，“你不觉得时间有点儿问题吗？”

“时间有什么问题？”

“问题就是莉丽是七百年前的人，而贝娜呢？”

月使一愣。然后她露出笑容。“现在可不是研究这个的时候，等这次的任务都完成了，我们俩再好好研究和计算。好吗？”

壹索锐利的目光收了起来并转移。

“你问了那么多，我也问个问题：你叫易克离开我们，是干什么去了？”

“他是管家，当然是回家管理家务事。”壹索冷漠地回答。

萝铃、纪伦、金格、火柴棍和马克斯立即笑了起来。

“你看你，这么不坦诚，还指望别人坦诚。”月使笑道，不在意被取笑。

“有人来了。”日使突然开口提醒。

是奇波洛城堡的管家罗奥洛来恭请魔力神信使，前往吸血族最有威望的长老——波利——的住所。

还是那个花园，只不过，在这个季节和日光下，它显得更有神采活力。波利长老站在亭子里恭敬地欢迎魔力神信使的来访。当波利长老看了魔力神信使出示的魔力神信物——两颗蓝色魔力石——后，显得更加毕恭毕敬了。石桌上摆满了丰富的点心和水果，还有香味浓郁的花茶。一切礼数都表明，主人把魔力神信使尊为贵宾，甚至主人还觉得做得不够好，不住地道歉没有好好招待。直到魔力神信使里的最高级别信使因不耐烦而发话了，场面才显得自然了些。

“上次信使来访是两位，这一次竟然是八位，看来魔力神越来越关心魔力种族啊！”波利长老感慨。

还没等壹索发言，金格就抢着说：“呃，我们这几个是小信使，是魔力神希望我们能跟着大信使出来见见世面，多了解了解魔力种族。这几天，我们几个小信使真是大开眼界，都不愿意回去了。要知道，回去之后是要天天上学，天天面对着枯燥的文字和数字啊！”

唉，真是无论如何也收敛不住玩世不恭的本性！萝铃叹道。她真的很想狠狠地瞪这任性的少爷一眼，甚至用力敲敲他的脑袋检测一下是否是生锈了，但深知时机和场合不对，只好低头瞪地板。更何况，壹索也没显现出不满的反应。甚至很奇怪的是，他保持沉默，目光直视着血湖。众人都以为他这是在观赏或是研究血湖。

“原来如此！几位小信使能在萧龙星球玩得愉快那真是太好了！”波利长老殷勤地说。

不是人人都如金格这般没大没小，没人敢接话，而此时，金格突然也有所意识地沉默起来，这样就造成了冷场。谁都在等壹索吭声，奇怪的是他竟然还是专注在血湖的方向，不吭声。很快，大家都意识到壹索不知何时已经灵魂出窍，不知飘荡到何方了。因为不知波利长老有没有觉察到，但还是得掩饰，几个小信使开始你一言我一语地编造在萧龙星球的愉快时光。波利长老显然心情很舒畅，和小信使聊得不亦乐乎，似乎没有觉察到壹索的异常。聊着聊着，波利长老突然聊到了一个敏感、让小信使不知如何回应的话题。

“最近我听说有个异世界，也是个充满魔力的地方，不知魔力神有没有恩准几位小信使去视察过呢？”波利长老饶有兴趣地问。

就在几位小信使你看我我看你，既自我思考答案，又向伙伴求助答案的时候，壹索突然有了动静。

“他们没去过。”壹索回答。

“哦，没关系，你们还有机会。而我这快入土的老头看来是要遗憾终生了。”波利长老感叹。

“我刚去看了罗洛利族长刚出生的小儿子，澄碧转世，吸血族一定很欢喜吧？”壹索说。

波利长老震惊。“原来信使刚去看了澄碧！是啊，这是吸血族期盼了七百年的恩德啊！其实，魔力神只惩罚吸血族七百年已经是莫大的宽容了。唉，我这个被恶魔迷乱了心智的老头，竟然想要夺取解除嗜血欲望的秘方，冒犯了魔力神最忠诚的信徒——茉莉花岛的祭司族族长，甚至还酿成了灭绝人性的惨剧，真是罪该万死啊！真的非常感谢魔力神开恩，让那个小姑娘踏进奇波洛城堡，吸血族才得以重新拥有吸血族创族人——密茅——的灵魂。吸血族将世世代代是魔力神最虔诚的信徒，聆听魔力神的教诲，谨守魔力神的信念，听从魔力神的指示。”

“你的诚心我回去会向魔力神报告。”

“谢谢信使！”波利长老立即流露出感激之色。

“我有些问题要问长老。”壹索认真地说。

“信使请问，在下一定诚实回答。”波利也认真地表示。

“你是怎么知道那个小姑娘——萝铃——是可以解救吸血族创族人灵魂的人？”

波利长老马上露出不解的神情，“她不是魔力神安排的吗？”

“当然，我只是调查求证一下。”

“哦，好的。”波利不再纠结，“密茅族长的灵魂被祭司族囚禁后，我就意识到魔力神已真的发怒了。我不仅没有运用魔力神赠予的魔力造福人类，却为了私欲犯下滔天大罪。我知道魔力神这是在惩罚吸血族。于是，我耐心地等待了两百年，觉得这时候灵魂应该厌倦了躯壳，一定会出来，也正是这个时候，魔力神应该会原谅我了，所以我进行营救行动，但没成功。我又再等了一百年，再去，还是没成功。这时，我真正地意识到，魔力神这是下了最严厉的判决书了，或者是魔力神不会原谅吸血族，将永久不会归回密茅族长的灵魂。我怀着忏悔的心继续耐心等待，又过了四百年，就在我觉得可能不会有希望时，我收到了一封信。信中说，巫术族十几年前预言的萧龙种族的强魔力者是天拓总统的女儿，她会帮助吸血族重新得到吸血族创族人的灵魂，这是魔力神终于开恩了，决定不再惩罚吸血族，希望吸血族能把握这个机会。信中还教我怎么实施营救计划，即请求天拓总统的女儿萝铃去解救被魔力神钉在萧龙学园中学园区飞鸟楼墙上的莉丽的丈夫——奥斯比·福斯特，然后奥斯比·福斯特在萝铃的协助下会去茉莉花岛解救莉丽的灵魂。最后，信中要求我一定要保密所有信息，如果有泄露，魔力神将会更加严厉地惩罚吸血族。所以，所有计划，甚至萝铃是萧龙种族强魔力者的事我都没有告知任何一个人。”

“信内有没有署名？”壹索问。

“署名是魔力神信使。不过，信中有要求在向那个小姑娘——萝铃——提出请求时，要说是我多年前一位好友——元懿——引荐的。”

“好，属实。请长老将这封信函归还我们。”壹索说。

波利长老一愣，很快他露出表示了解的神情，“哦，我了解，还是归还信使最安全，免得放在我这儿不小心泄露出去了。”

“是的。另外，这次魔力神派信使来访最主要的目的是检查信物是否被保管完好，所以麻烦长老把獠牙拿出来，并安排一个隐蔽的房间给我们检查。”

“好的，我这就去安排。”

波利长老话音刚落就瞬间转移离开了亭子。

“你还真是了解了很多情况嘛！”月使开口。

“了解得越详细越好，这不就是魔力神给我们的指示吗？”壹索说。

“哼，不该了解的你也了解了。”

“你最好闭上嘴才好，免得惹麻烦。”

“是，大信使！”

虽然壹索只要求月使闭上嘴，但其他人也清楚这也是对他们的要求，所以在等待波利长老期间，谁都不敢吭一声。约十分钟后，波利长老返回，递上一个白色信封，并恭敬地请信使去检查獠牙。于是，壹索叫上萝铃和火柴棍，在波利长老的引领下前往检查地点。

波利长老安排的房间是一个书房，里面除了家具就是许多书。有一个红木盒子放置在一张桌子上。

“三位信使，吸血族的獠牙就在这个盒子里，请检查。”波利长老说，“另外，希望三位信使不要介意，因为这也是信使第一次来访时定下的规矩，就是……”

“就是检查完毕后，要说出只有魔力神和吸血族知道的关于吸血族的秘密，是吗？”壹索说。

“是的，希望信使能理解。”

“当然，这是魔力神定的规矩。请长老在外耐心等候，检查完毕后我们就出来。”

“好的。”

波利长老走出书房，并轻轻关上房门。

壹索不浪费时间，直接走到桌子前，很快打开红木盒子。盒子里面装的獠牙形状很像象牙，但却是血红色的。萝铃和火柴棍均好奇地靠近欣赏。可看个一两分钟就对这魔力神信物失去了浓厚的兴趣，因为根本不知道眼睛能从这平滑的外表找到什么奇异之处。

“壹索先生，为什么要我一起来？”火柴棍胆战地问。

“你们俩跟我一起摸着獠牙。”壹索既是回答问题，也是指示。

有过魔药族的经历后，萝铃基本上明白了壹索的意图，她连忙听从指示把手放在獠牙上，并催促火柴棍也赶紧这样做。火柴棍是个温顺之人，虽有疑惑，但还是因为觉得这是十分紧迫的事，便赶紧把手放在獠牙上。

萝铃很想问问火柴棍在把手放置在獠牙上面后有何反应，但说不出口——其实是很快打消了这个念头。她感觉到一股魔力钻进她的手心里，迅速地钻进她的体内，迅速地拨动她的魔力。她虽有预感，但仍感觉晕眩感太过强烈了……

一个老人和一个女子走在一片碧绿的、宽阔的草原上。

“父亲，你这次准备创建什么样的种族？”女子问。

“你还记得我们在地球时听到的关于吸血鬼的传说吗？”老人问。

“记得，一种嗜血的怪物。”

“我们就在萧龙星球创建一个吸血种族吧。”

“可是，萧龙星球好像没有这样的怪物？”

“我们可以相信有，相信了就会有。”

“那么信物是什么？”

“就是吸血鬼的獠牙。”老人手一挥。掌心出现了红色的、长的、弯曲

的牙齿。

“这不是红象牙吗？”

“是的，已经被我施过魔法了。”

“你看，那个寻找魔力神的人出现了！”

“相信魔力神的人就是虔诚的信徒！”

一团红光出现！女子消失了！

老人等着少年走上前来。

“老人家，你怎么一个人在这荒无人烟的地方？”

“我在等待有缘人。”

“有缘人？”

“是的，能学会这本魔法书，又能保管好这獠牙的有缘人。”老人左手展示书，右手展示獠牙。

看着老人手中的物品，少年先是露出疑惑的神情，然后是惊呆了，一对眼珠子几乎凸出眼眶外。他突然跪在老人脚下，整个面部立刻开始现出某种诚惶诚恐、谄媚奉承，甚至大吃一惊的表情。

“魔力神！”他虔诚地唤道。

“没错，我就是魔力神。”老人回答。

“我是您虔诚的信徒，请赐我高深的魔法！”少年不停磕头。

“这就是高深的魔法书，这就是我的信物，但不知你能不能承受得了？”

“只要怀有虔诚的心就一定承受得了！请魔力神赐给我，我一定将魔力神的高深魔法发扬光大，为人类造福。”

“你先听听，再下决心。”老人说，“这是很高深的魔法，学会之后，眼睛可以透视黑暗、施展魔法，可以有十分敏锐的官能。但也有人类不能承受的身体变化，即学了这魔法后，身体就会变得十分热爱人类的鲜血，如果一日不饮血就感觉有万只蚂蚁在体内。你愿意学这魔法吗？”

“愿意！”少年毫不犹豫地回答。

“你相信你会变成一个热爱鲜血的吸血者吗？”

“相信！”少年坚定地说。

“好，你这种坚定和虔诚一定能学会这高深的魔法。我将这本魔法书赐给你，等到你真的学会了魔法书里的魔法后，我一定会再赐给你我的信物——獠牙。”

“谢谢魔力神！”少年顿时惊喜若狂。

“不过，练这本魔法书的魔法需要搭配一种草药，就是龙狗藤。这是龙狗藤的种子，你拿回去种植，练魔法时，服用这种龙狗藤才可练习，否则将七孔流血而亡。明白了吗？”

“明白了。”

少年恭恭敬敬地接过了魔法书和装有龙狗藤种子的小袋子。

少年告别老人，带着兴奋的表情而去。

一团红光出现！女子又出现了！

“父亲，您觉得他会成为一个吸血鬼吗？”

“如果相信，就会……”

萝铃惊恐地睁开眼睛。

就在这一瞬间，她听到了火柴棍惊恐的叫声。

萝铃和火柴棍都带着惊恐的目光对视。而壹索以一种陌生的阴冷和深沉在看着他们。

“检查完毕！我们走。”壹索说着朝房门走去。

萝铃连忙紧跟着，但发现火柴棍还在发呆，又连忙回转身安慰他几句，说等他们的征程结束后就会了解这到底是怎么回事。火柴棍经劝慰后就不太纠结了，和萝铃一起跟在壹索后头离开书房。

书房外，面对波利长老期待的脸，壹索运用魔音传递，将那个只有魔力神和吸血族知道的关于吸血族的秘密告知。波利长老露出了满意的笑容，看来壹索再次给出了正确的答案。难道这仅仅是运气吗？

“另外还有件事要跟长老说说。”壹索说。

“信使请说。”

“魔力神有意使萧龙星球趋于平等，他拒绝把魔力赐予多数人，是避免多数人被魔力所奴役。作为少数的魔力种族，你们是最靠近魔力神的信徒，你们应该用魔力神赐予你们的魔力去维护这个星球的和平，而不是怀着魔力自保。”

波利长老立即显露出了惊惧之色。“谢谢信使教诲！今天萧龙种族来寻求援助，吸血族一定会协助他们维护并恢复原的和平。”

“很好。热爱和平者才是魔力神最虔诚的信徒！我们的来访结束，和花园里的信使会合后就告辞。”

壹索、萝铃和火柴棍在波利长老的陪伴下回到花园里，就和其他人一起瞬间转移离开了奇波洛城堡。然后，他们直奔云霄大厦。

莫明和利夏正在办公室里焦急地等候。当看见几位拜访魔力种族的魔力神信使出现时，他们的焦急立即转换成了期盼。当他们听了壹索简明扼要的汇报后，期盼立即转换成了欣喜。

“想要和精灵族的钟离飘会面，但精灵族说她有急事离开了。”莫明说，“如果精灵族也支持我们，那幽灵族和巫术族就不能成大气候了。”

“太史家族那边怎样？”壹索问。

“太史穗说只要萧龙种族愿意出她开的价钱，那么太史家族一定会派遣保镖给萧龙种族。”利夏回答，“不过，如果其他种族也和太史家族有雇佣协议，她也会派遣给其他种族。不知道太史家族为什么选举她为族长？根本找不到太史业、太史武和亚米，而长老院的长老都不肯透露原因。”

“她的父母和爷爷估计被她软禁起来了。”莫明沉思般说，“精灵族和太史家族当然还要继续密切接触。我收到消息，今晚幽灵族和巫术族会在哈德逊之家举行会谈，我觉得你们就以魔力神信使的身份在这个时间去那里拜访他们，给他们一个措手不及。希望魔力神信使的出现，能令他们打消战争的想法。”

“你们这几天有什么收获？”利夏问。

壹索的面孔突然很深沉。“有点儿头绪，但还不是很清楚。”他含糊地说。

“我看是有很多头绪，但不想说清楚吧。”月使笑道，“你这个样子让我怎么跟族长和长老们汇报啊！”

“结束之后，他们自然会得到完整的汇报。”

“我们劳累了这么些天，可一定要有好结果啊！”月使说，“连异世界都那么深入萧龙星球了，真是危机重重！”

“如果墨夷家族愿意从神坛下来，和萧龙星球人携手共进退，就不会害怕任何危机了。”壹索冰冷的目光盯着月使。

月使不回应，仅耸了一下肩膀，一脸不在乎的意味。

“如果到了绝路，自然只能携手共进退。”日使意味深长地说。

月使立即朝日使投射出探究的目光。日使一副从容不迫的样子。

萝铃审视着眼前的所有人，发现每个人虽不说出口，但似乎都隐藏着深刻的感受，都在思考着很多问题，说不定都和她一样，有着一个唯一关键的问题：真相重要还是未来重要？

再过几个小时，黑暗就来袭，寻求真相的人又要披上伪装，在黑暗的掩护下去征程。

第十九章 绿眼睛，水晶球

这个夜晚的天空必定是清澈的，因为这个夜晚是明亮的。月亮的心情是舒畅的，星星的心情是活跃的，而人却是沉静的。出于什么原因，不仅是人不清楚，连月亮和星星也不清楚。就像自然界永远也不会知道在什么样的时间和什么样的环境里发生什么样的事。

既然是去拜访幽灵族和巫术族，在萝铃理解，应该是人越多力量越大，以致任务完成会越圆满。但壹索却缩减了人员。就在要起程时，他突然宣布了可以跟随他前往哈德逊之家的队伍名单：萝铃、纪伦、火柴棍、月使和日使。被抛弃的两个人强烈抗议。可惜的是他们抗议的对象是一个冷酷无情的人，除了得到漠视的目光外，一个字的解释也得不到。难道是因为这两个人太喜欢“抗议”了，所以才会被抛弃吗？

“你们就在家里好好待着吧！”萝铃开心地说。

“如果有好戏，回来一定一五一十地跟你们讲！”纪伦装出同情的表情。

虽然看不到，但完全可以预测并感应得到，征程的队伍背后是充满了怨愤的目光。

他们在空中飞行，看到这个世界很多地方交织着魔光。魔光虽然有耀眼的光芒，却不是炙热的，而是冰冷的。这个世界已经开始变样，如果不去关注和重视，未来将会出现一个没有温暖的世界。

幽灵族和巫术族一定很重视今晚的会谈，哈德逊之家四周兵影重重。也许巫术族还通过水晶球预言将是个风清月朗的美丽夜晚。

六个魔力神信使被威武的警卫挡在了哈德逊之家十米外。

“谁是主管？”壹索用一种让人觉得他是一个不能被轻视的人的语气说。

几个警卫都被震慑住了。他们互相交换眼色，最后都没能发现他们当中有人很有智慧地解决目前的沉闷和紧张的局面。他们每个人的眼色都在表示唯一的解脱办法就是通报主管。他们推选出一个人前往通报。几分钟后，空中飞落一个脸上带有傲气的人。几乎百分百确定是主管，因为只有这类人才会将傲气常带在身上。

“你们是谁？想干什么？”主管经常训斥下属，以至于成了习惯。

“去跟世炎和干已说，魔力神信使来访。”壹索的声音就像主管的主管。

主管先是愣了一秒钟，接着就惊愕到把嘴张大这样的程度。

“还不快去！”壹索向主管瞪了富于威胁性的一眼，致使主管根据这目光的力量懂得，此时此刻再不执行命令，将会领受到可怕的后果。

“好……的。”主管应了一声。他迅速地飞上了天。

那几个警卫的处境很不舒服，甚至可以说非常糟糕。他们既不敢离开，也不敢抬头，就像几个犯了错的孩子在大人面前不知所措和胆战心惊。还好，很快他们就接到了指示：恭请魔力神信使！

警卫简直把“恭请”这个指示发挥得淋漓尽致。十米的路，他们几乎是一步一弯腰，如果有点头哈腰竞技赛，他们绝对是前三名全包揽。萝铃、火柴棍和纪伦的眼睛里是满满的笑意。被奉为一种精神的代表的感觉实在是太畅快了！

就在他们到达哈德逊之家门口时，世炎和干已正急匆匆地跑出水晶球。这两位族长不住地弯腰请求信使原谅他们的有所怠慢。壹索显得很不耐烦，用命令的口气要求这两个满脸歉意和惧意的人赶紧入内，以便信使得以赶快办理事务。这位魔力神的信使给出的感觉如果不是紧迫地想要履行魔力神的旨意，就是心里非常不喜欢眼前这两个信徒。壹索的这种不悦和冷漠让世炎和干已更加惊惧，更加小心翼翼地请信使们进入水晶球里。

壹索没让世炎来选择，而是自己选择了一个水晶球里的房间。萝铃记得这个房间，就是她第一次来参观哈德逊之家进的第一个房间——会客室。紧接着，壹索不等世炎和干已开口就拿出了两颗蓝色魔力石。世炎和干已目瞪口呆地望着，如果不是壹索显得很不耐烦地惊动他们，也许他们得像呆子般好一会儿。

“水晶球怎么没预示信使会来访呢？”世炎怀着小心翼翼的心情问。

“第一次来访有预示吗？”壹索很不高兴的声音。

“没……没有。”世炎突然犯口吃，似乎是被吓着了，“请信使原谅我的好奇。”

“好奇是会害死人的！”月使的声音如果仔细听会觉察到一丝笑意。

“是，是！”世炎和干已同时表示认同。即使现在信使说此刻是白天，他们也一定会认同。

萝铃的猜测是，壹索由于不喜欢这两个人，所以不愿多面对，绝对不会是为了赶紧办完事回家睡大觉。和之前的两次拜访不同，这一次壹索几乎不讲一句和此行目的无关的话，直接就命令巫术族和幽灵族拿出魔力神的信物。

“这是这次来访的目的。检查完了，就可以确定我们是真的信使。”

世炎和干已似乎已经意识到了他们面对的是一个脾气不太好的魔力神信使，也许他们也理解人有脾气，而神也有脾气，神的信使必定是有脾气的。他们也不敢说多余的话，马上就去执行命令。当然，由于信物不在这个水晶球里，得去较远的地方取，在去执行命令前他们得怀着万分的诚意道歉，以免脾气不好的信使怪罪。

世炎和干已离开会客室后，月使想要说话，但被壹索制止。看来，他是恨乌及屋，不喜欢这人，连带着这人的房子也讨厌。不过，这是个匪屋，实在不宜多言语。就这样，在不短的等待时间里，没人嘴里说出一个字，大多用眼神进行交流沟通，但他人有没有理解出自己的真正意思就不得而知了。如果金格和马克斯在这儿，必定憋屈得难受。估计会是这样一个沉闷的场面，他们这两个闲不住嘴的人才被抛弃了。虽躯壳不能说话，灵魂却可以说，已经成了萝铃跟班的萧非一直在说话，称赞这里是个神奇而美丽的宫殿，如果不被能听到她声音的人听进耳朵里，她就是一直在自言自语。

世炎和干已估计是出动了萧龙星球最最快捷的交通工具，力图在最最短的时间里献上信使最心仪的魔力神信物。就在水晶球会客室里的人眼神交流和自言自语了约莫十分钟，世炎和干已神色慌张地走进会客室里，各自的双手像捧着自己的生命一样小心翼翼地捧着魔力神的信物。

真的不得不怀疑魔力神有点儿偏心，从已经接触过的信物来看，巫术族和幽灵族的信物显得漂亮多了。白色、圆滑的水晶球就和哈德逊之家一样，包含着自然界那些静默的美丽。而幽灵族的信物则是一块白色的玉石上有一对碧绿的、似乎有生命的眼睛，根本看不出这眼睛是如何出现在这白玉上的，它们简直就是天生的整体。

无须多余的言语浪费时间，当世炎和干已将信物小心地放置水晶桌上后，壹索就立马要求他们离开。世炎和干已谨遵使意，毫不逗留地走出了会客室。

在检查信物前，壹索吩咐月使、日使和纪伦要全神贯注、眼观六路、耳听八方，以防世炎和干已图谋不轨。他真的对这两人很有偏见，虽然他们一直在显露出信徒最虔诚的一面。

根本不需要壹索指示，萝铃和火柴棍就知道他们应该要怎么做，但想不到的是他要求他们多用一只手，即两只手分别放在水晶球和绿眼睛上。这似乎可以节约些时间，但也要承受更强烈的冲击感。被这种冲击感袭击过的人毕生难忘！

即使心理有好好准备，但晕眩感还是像电流一样令萝铃暂时失去了意识。当她恢复意识时，快速闪动、衔接不了的画面让她应接不暇——

一个森林里的一个阴暗的木房子……

一个面带惊喜之色的少年……

一个手里捧着白玉的老人……

大山中……

一个手捧着水晶球的老人……

一个欣喜若狂的少年……

突然，画面的速度缓慢了。图像犹如就在眼前。不，是置身其中——

这时候下起小雨。多美的一个地方！多美的人们啊！自然之神太不平等了，既把富饶给予这个地方的土地，又把富饶赐予了这个地方人们的精神！其实啊，是人们精神的富饶使这片土地富饶了。自然界正确的结论事实上是存在的，只是太多人看不到它。精神富饶的人是孤独的，所以我……哈哈，我怎会是精神富饶之人呢？但我是孤独的……

众鸟高飞尽，
孤云独去闲。
相看两不厌，
只有巨人山。[1]

巨人啊！在您的怀抱里，我怎会孤独呢？在您的怀抱里孕育的生命，怎会没有魔力呢？这美丽的女孩是从群玉山[2]飞来的吗？我怎能去伤害这纯真的心灵呢？

一个身穿白色长裙的清秀女子从空中飞落在名里先生面前。她的眼神、举止和笑容都带着一种敬仰尊重之情。

注①：改编自唐朝诗人李白《独坐敬亭山》，抒发心情的作品，表现了孤独的心情。原诗为：众鸟高飞尽，孤云独去闲。相看两不厌，只有敬亭山。

注②：传说为西王母的居所。

“名里先生？”她的语气带着疑问。

“是的，平陵。把我当成一个好友，不需要太拘礼。”名里先生十分友善温和的笑容。

平陵微微一笑，点了点头。“收到名里先生的信函，真是吓了我一跳。因为……”她突然住口，似乎是有所顾忌而有所保留。她透露出一丝不安的情绪。

“因为我早就死了，对吗？”名里先生说完，便哈哈大笑起来，“是吋，一个死了的人为什么还留恋尘世的烦恼呢？我害怕死亡，平陵，所以我又复活了。”

“既然名里先生没死，为何一直不露面，大家一直当您死了呢？”由于名里先生的随和亲切，平陵显得自然了些。

“我死了，但我的灵魂没死。我的壮志未酬，所以我的灵魂又回来了。”

平陵露出疑惑的目光。

“平陵，你相信转世吗？”

“转世？嗯，不清楚，也许有，也许没有。就算真的有，无论是对活着的人还是死了的人，其实并无意义。”

“有些人的转世是很有意义的。”名里先生意味深长地说，“例如墨夷家族的灵魂。”

平陵立即露出惊异的神情，但她没言语。

“你知道墨夷家族？”

“父母告诉过我一些。”

“是呀，你只知道你该知道的。”名里先生手一挥，一本黑皮书出现在他手心里，“这里详细地记录了墨夷家族的历史：如何创建，去了哪些地方，做了什么事，发展成什么样……你拿回去好好看看。”

平陵恭敬地接过黑皮书。

“之所以见你，除了送你这本书外，还有个预言要告知。”

“预言？”

“在我死后，萧龙星球会有六个新生儿分享我的灵魂，而你未来的孩子就是其中的一个。”

平陵顿时愕然一惊。

“那是墨夷家族一个强大的灵魂，既爱又恨的一个灵魂。”

“六个人怎么能分享一个灵魂？”平陵不解。

“人类只有同一个灵魂，之所以不同是人类的理解不同。”

平陵还是不解。

“没关系，不需要理解。你是个好人，必定教会你的孩子去理解好，必定会成为一个好孩子。灵魂既是真的，也是假的。无须太过纠结别人共同分享。太多人去追逐这个灵魂，根本不知道其实自己也有这个灵魂。平陵，保重！”一团红光！

这是个寝室。

一个面色苍白的女子半躺在床上。床边是一个白发苍苍的老人。

“你不是名里先生，他老人家早死了——是真的死了，因为他说他死后，我的孩子就会和其他五个孩子分享他的灵魂。”

一个多微弱的声音啊！

“是的，平陵，我不是名里先生。我是代替他来看望你。”

“你是谁？”

“我是子若的爷爷——太中。”

“什么？”

“你别激动！”

“可是，太中爷爷，您长得还真像名里先生，简直就是一个模子刻出来的。”平陵微笑道，“不过，我记得小时候见您，长得不是这个样子。难道是我记性差了？唉，这个病害得我……”

“你没记错，我的确长得不像父亲，而是像母亲。我今天来见你，刻意变身成了父亲的模样。”

“原来如此！”

“你的儿子很聪明，也很强大。”太中说。

“就是性格有点儿怪。”平陵笑道。

“但是个好孩子。”

“可惜我没有太多时间去教会他理解‘好’！”平陵感叹。

“把这个责任交给他的父亲吧。”

“是呀，该交给他父亲了！”平陵再感叹。

“他肩膀上有茉莉花胎记吗？”

平陵神色变了，不再自然，甚至苍白的脸上出现了一些红晕。“是的，有，不过，我把它掩藏了。这是不祥的印记！我在茉莉花的上面文上了魔族的魔剑。我的儿子一定是个好人！”她斩钉截铁地对太中说。

“当然，你已经教会他理解‘好’。看来你已经完全了解了墨夷家族的历史。”

“是的。”平陵黯然。

“我的父亲——名里先生，叫我替他对你说声：‘对不起！’但他坚信，你的儿子一定会是个好人，因为他有一个好母亲。”

“另外五个孩子都是谁？”

“对不起！你不能知道。”

“应该只有一个是真的，另外五个是假的。对吗？”

“不知道。父亲说，都是真的，也都是假的，根本无须去寻找和证实。世上不会再有墨夷老人的灵魂出现了！”

突然，从未有过的一种最强烈的晕眩感把萝铃的全部意识吞噬了。如果有人在她身旁，就会发现，她就像死去了一般……

第二十章 太中、连全和墨勒

利夏、壹索和纪伦走在魔法街上。今天是周日，天空明媚，所以魔法街熙熙攘攘，很热闹。他们三人进了一个招牌为“南墨商店”的草药店铺里。

连伯彦正在接待两个魔药族人。他没有抬头，因为听到脚步声所以知道有人进店，便热情地招呼：“欢迎光临！”当利夏、壹索和纪伦走到柜台前，他才发现，立即露出诧异的神情。

“是你们呀！”连伯彦微笑，“怎么，来逛街？咦，怎么不见萝铃小姐，没跟你们一起来？”

“你很关心她？”壹索用疑问的口气说。

连伯彦一愣，接着一笑，“壹索先生这是什么话啊！现如今我最关心的人就是她了！”

“她病了。”纪伦带着一点儿感伤地说。

“病了？”连伯彦惊愕。他甚至没把手中包好的草药给魔药族人就快步走到纪伦跟前。

“老板，我的草药！”魔药族人喊道。

“哦哦，给你！”连伯彦慌乱地跑回到柜台的另一边。魔药族人接过他递的装草药的袋子。

“多少钱？”魔药族人问。

“多……少钱？”连伯彦傻呆呆地重复客人的问题。

“老板，你这是怎么了？是三十萧龙数，对吧？”

“对对对，就是三十萧龙数。请您验证！”连伯彦拿出验证器。

魔药族人认真地将手印在验证器上。

“验证通过！”

“好了。谢谢光顾！”连伯彦勉强地挤出一个笑容。

“好的。”

两个魔族人一边偷瞄利夏、壹索和纪伦三人，一边走出了店铺。

“萝铃小姐怎么病了？”连伯彦急切地问。

“她不是病了，而是昏迷了。”利夏说。

“昏迷了？为什么昏迷？”连伯彦的担忧一点儿也没减少。

“摸了巫术族的水晶球和幽灵族的绿眼睛后就昏迷了，从昨天晚上到现在都没醒。”纪伦带着忧虑的神情解释，“我怀疑是世炎和干已在魔力神的信物上动了手脚。”

“啊！”连伯彦愕然一惊。

“别乱说，根本不是这么回事！”壹索斥责，“你放心，她会醒的——我向你保证。”

“呃……”连伯彦还是很不安的神情，“我把店里关了，去看看她。”说着，他准备走出柜台。

“连伯彦叔叔，晚点儿你再去看萝铃——我们有点儿事找你谈。”利夏连忙阻止。

连伯彦不解的神情。

“我们一起去神秘种族美食街的多布斯魔族餐馆吃午饭吧，顺便说说话。”利夏说。

连伯彦收起不解的神情，“好的。”

“我们先过去，你关好店后就过来。”

“好的。”连伯彦点头。

利夏、壹索和纪伦走出了南墨商店。他们穿过魔法街，拐个弯，进了神秘种族美食街，又再走了几分钟就到了多布斯魔族餐馆。

餐馆的主人多布斯看到他们，立即笑容满面地迎上来。四个人寒暄了几句后，多布斯把三位贵客带到二楼那个“老位”上。利夏点了菜，并叮嘱一会儿还有一个叫“连伯彦”的客人要来，希望多布斯多留意。多布斯殷勤地答应一定满足客人的要求，便脚步轻盈地离开了。

“你觉得连伯彦会答应帮我们吗？”利夏看着壹索。

“他不是说现如今最关心的就是萝铃吗！”壹索回应。

“可是，我们叫他监视的可是他的叔叔啊！”纪伦说。

“如果他的叔叔图谋不轨，他却坐视不管，那我们也没办法。”壹索说。

“嗯，我真希望连全不是这样子！”利夏带着忧虑说。

就在菜肴几乎要上齐时，连伯彦出现了。利夏、壹索和纪伦连忙起身，等连伯彦寒暄几句安坐后，他们才又坐下。

利夏和壹索并没有直接进入正题，而是利夏带着关怀的心情了解了连伯彦的近况。连伯彦说生活没什么变化，几乎每天都是店铺和隐居两边跑，而连全很少回隐居，所以他们之间也没有太多的交流沟通，他也就不了解他的具体情况，只觉得他每次都是急急忙忙的，好像有很多急事做。当餐桌上的食物被他们消灭得差不多的时候，利夏和壹索开始进入正题。

“连伯彦叔叔，隐居除了你和连全，另外那个人是谁？”利夏尽量显得自然地问道。

连伯彦并不对这个问题感到吃惊。“嗯，那个人不愿意见你们，所以……等他愿意见你们，我会告诉你们的。”

“好吧，我们不勉强。但是，有个人我们必须要去关注。”

“什么人？”连伯彦疑惑。

“就是连全先生。”

连伯彦愣了愣。“为什么？”他问，“他怎么了？”

“因为连全先生和魔力种族靠得太近了——你也知道，他在魔力种族心目中是先知的形象，我们担心他不小心出了什么差错，或者是被利用了。”利夏虽然说得很委婉，但几乎也能猜出另一层意思。

“他是不是犯了什么错？”连伯彦直白地问。

“其实，连伯彦叔叔最关心的是萝铃，也把我们当自家人，就直话直说吧。”壹索认真地说。

“他怎么了？你们直说，如果他有错，我是不会帮他的。”连伯彦也很认真。

“好吧，我就直说吧。名里先生的计划只有三个人知道，一个是茉莉花岛上的成木长老，一个是太中爷爷，另一个就是连全先生了。可是，魔力种族却对一些他们不该知道的事很了解，说什么是水晶球的预言，这一套我们是不信的，所以，只有一个可能，就是有人泄露了秘密。”

“你们怀疑是连全泄露了秘密？”

“不，不是怀疑，而是想调查一下。我们也在调查成木长老。现在萧龙星球很混乱，许多不为人知的事被揭露了出来，我们得调查清楚。只要是对墨夷家族或是萧龙种族了解的人，我们都会去查，所以也免不了连全先生了。”

“你们想让我查什么？”连伯彦似乎被说服了，显露出了理解的态度。

“我们也不知道要查些什么，只是，也许他有些地方异常，而你觉察到一点儿，但觉得并不重要，也就忽略了。”利夏小心翼翼地加以引导。

连伯彦突然一副陷入沉思的样子。

“他的言语、举止，也许透露了一些讯息，只不过你不太在意，也就觉得自己一无所知。”壹索补充道，认真的目光观察着连伯彦的面孔。

连伯彦保持沉默，似乎还处在思考的世界里。利夏、壹索和纪伦担心打断他的思路，也沉默不语，显现出很有耐心的样子。在他们交谈时，他们没太注意，当他们沉默后，就很快发现，他们正被很多人关注着。就是餐馆里的顾客们。他们当中很多人在压低着嗓门说话，尽量显得漫不经心地朝同一个方向瞟一瞟——侃侃而谈的人们打量从身旁经过的行人时，用的就是这种眼光，只是餐馆里的这些顾客们含有更多的意味。利夏和纪伦打算不去理会，所以摆出没有觉察的样子，而壹索虽有觉察到，但他根本就不在乎。

终于，连伯彦打破沉默。“你们等我的消息吧。”他的这话让人觉得有所期待。而让利夏、壹索和纪伦更惊讶的是，他说完这话就提出要走，似乎有什么要紧的事之前忘了，而现在突然想起来，所以要赶紧去做。利夏和壹索毫不挽留，他们虽不知出现了什么变化让连伯彦有如此变化，但他们听到了那句让他们有所期待的话，所以觉得不妨耐心地等消息吧。

他们之所以拿出耐心，是因为估计等待的时间也许会长得令人出现焦躁的心情，决没想到晚上七点多钟，连伯彦就带来了消息：“你们到隐居这边来吧。”就好像接到了领导的指令一样，迅速地，他们开着车直奔白玉兰路。纪伦说：“他这么快就有消息，足以证明连全爷爷是有问题的。”利夏和壹索沉默，不发表评论，但内心是复杂的。他们认同纪伦的分析，但这个“有问题”是小问题还是大问题呢？答案离他们越来越近，他们越来越期待，也越来越不安。

连伯彦就在屋外站着，似乎是站了很久了。当他看见熟悉的太阳能车后，脸上立马出现了喜色。当利夏、壹索和纪伦从车内出来后，连伯彦没有立即引领他们进屋，而是面色郑重地说道：

“中午和你们谈后，我就马上回来了。我现在就可以告诉你们了，一直以来我都在照顾着太中老爷。”

利夏、壹索和纪伦甚是震惊，但他们都是沉稳的人，所以保持沉默，让连伯彦把话说完。

“我把你们今天跟我说的话都跟太中老爷讲了，然后太中老爷想了一个下午，刚刚就吩咐我把你们叫来了。我也不知道太中老爷准备要跟你们说些什么，但我想应该和连全有关，因为连全经常和太中老爷关在房间里密谈。另外，有件事还得跟你们说，就是太中老爷多年前重伤后，几乎成了个……唉！”连伯彦似乎说不出口，只能感伤地叹气，“而且也说不出话了，都是靠写字来跟我沟通。唉，其实，那些字歪歪扭扭的，也很难看懂。不过，我侍候他多年，基本上都看得懂，所以我会给你们解释的。现在我们就进去吧。我觉得他也很期待见到你们。”

连伯彦的这番话让利夏、壹索和纪伦太过震惊了，突然不知该说些什么好。其实壹索早就猜测这房子里有个很重要的人物，但没想到会是一个被世人认为已经上了天堂的人。连伯彦默然把他们领进屋内，登上楼梯，最后到了五楼的一个房门前。连伯彦先是很轻地敲了三下房门，然后无须等待回应就动手打开了房门。

这个房间很温暖。温暖的白光，温暖的墙纸，温暖的窗帘，一张温暖

的床上，躺着一个白发苍苍、瘦削的老人。老人身上盖着一张温暖的被子，只露出头，他的眼睛正瞧着房门的方向，带着一种既哀伤又期待的气息。

连伯彦快步走到床边，轻声说："老爷，他们来了。"

床上的太中眨了眨眼睛，然后目光投向一个方向，那里有几把椅子。连伯彦马上领会，快速地把三把椅子摆在床前，请利夏、壹索和纪伦坐下。太中见到他要求的事项完成后，就示意连伯彦给他写字板。连伯彦连忙拿起放在床头柜上的一个很小的正方形写字板，然后将写字板尽量地靠近太中的右手并双手牢牢地稳住。太中右手颤抖地书写着，花了约两分钟才停止，而写字板上出现的笔画根本分不清到底是什么字，也分不清有多少个字。

"他在问萝铃小姐。"连伯彦解释。

"连伯彦叔叔跟太爷爷说了？"利夏先谨慎地问一句。当连伯彦点了下头后，利夏就用温和的声音说："太爷爷，您放心，萝铃不会有事的。我们让魔族最好的医生检查过了，她很健康。她只是受了些刺激昏迷了，现在在沉睡，估计很快就会醒的。"

太中马上眨了眨眼睛。连伯彦说那是表示接受利夏的解释的意思。接着，太中又在写字板上书写，这一次比上一次花的时间还要长。不过，这一次笔画的意思是利夏、壹索和纪伦最想要的意思，因为连伯彦说太中要求他跟他们说一说他受伤的事。

"老爷是去参观一次魔力科技产品展时被一群人袭击的。老爷魔力不弱，但那些人都是魔法高超的魔法师，一起围攻老爷。后来是连全找到了重伤的老爷，将他藏了起来，担心那些人还会继续追杀。当时，连全回来对我和子若说老爷被仇家追杀已经逝世。十几年前，连全突然带老爷回来，说要我照顾。这十几年来，老爷一直住在这儿——他不愿意进隐居，说那里让他感觉不舒服。其实是睹物思人啊！多年来我一直慢慢地跟老爷沟通，他才肯说出，那些追杀他的人其实是太息和太丘。"连伯彦带着满满的愤恨说。

“啊，他们是兄弟啊！”纪伦惊呼。

“为了魔力、权力和财富，六亲不认啊！”连伯彦有点儿哽咽。

躺在床上的太中流露出了怨恨的目光，身躯在微微颤抖。

“带太爷爷去看了什么医生？其实……”利夏想转移话题。

“连全去找了好几个萧龙星球医术很厉害的医生来看，但因为老爷中的咒语都是几乎要人命的黑魔法，那些医生都束手无策。老爷魔力强，再加上他的意志，一直坚强地活着。他一直很想见见子芑、萝铃，但又不愿她们看到他这个样子，所以……”连伯彦又哽咽地说不出话来，“连全说，也许只有墨夷家族才有办法医治好老爷，但如果上茉莉花岛不是羊入虎口吗？太息和太丘想要他的命，怎么可能会救他！”

连伯彦在说话的时候，几乎一直在看着太中，当发现他的情绪出现波动时，就轻拍他的身子安慰。这时，他看见太中要求要写字，连忙拿起写字板。花了不短的时间，太中的右手颤抖地写出一行字。连伯彦看过后，露出了有点儿诧异的神情。

“老爷说，连全做的事都是为了老爷和小姐，希望你们不要怪他。连全今晚会来，老爷叫他把所有的事跟你们说清楚。”

当连伯彦这段话说完后，太中连忙眨了眨眼睛表示这就是他想说的话。

“原来老爷您跟连全联系了，我竟然不知道。”连伯彦说。

太中又眨了眨眼。

“老爷，你从下午开始就没好好休息，你现在休息一会儿，我带他们出去等连全，好吗？”连伯彦用温和的声音说。

太中没眨眼，而是在写字板上画笔画。连伯彦看过，说：

“老爷说，他很感谢你们照顾萝铃小姐，麻烦你们了！”

而太中的神情比他让连伯彦代为说出的言语含有更多的意义。利夏、壹索和纪伦顿时流露出了十分复杂的情绪，既感动、怜悯，又有一种激烈的火焰燃烧着。隐忍的仇恨比爆发的仇恨还要痛苦和深刻啊！离开太中之前，利夏用很诚恳的态度向他保证，一定会用自己的生命去保护萝铃，一定会用全部的爱去照顾她，因为她在他心里的位置和她在太中心里的位置一样，都是十分珍贵的。这个已经无法再用声音和肢体表达情绪的老人，用他的眼泪表达出了他感动的情绪。

离开了太中后，利夏询问连伯彦为何要用写字板和这位不能言语的老人沟通，其实萧龙星球有很多高科技产品完全可以帮助到类似的老人表达内心的情绪。连伯彦边哀叹边说他和连全都买过一些产品，但太中老爷一看到就发火，根本不愿意使用，估计是这些高科技产品会使得他想到自己受伤的情景吧。进入一楼的客厅，他们四人又聊了一会儿，壹索表示会叫魔族的神医勤宿来这里看看太中的病情，也许会有治愈希望。待在客厅里也就约莫十分钟的时间，连全就出现了。

连全异常的沉着，只简单地说他并没有背叛名里先生，只是出现了太中被追杀的意外后，让他不得不更改一下名里先生的计划。他并没有在这栋房子里具体地说明他到底做了哪些更改，而是表示他要带利夏、壹索和纪伦去一个地方见一个人。并且，最后他还说了一句令人疑惑和紧张的话："这个人你们也认识，是你们很熟悉的人。"

连全在前方飞，利夏、壹索、纪伦和连伯彦在后边紧跟着。渐渐的，后面四个人越来越紧张，因为他们觉察到他们飞行的路线似乎是前往巨人山。当巨人山在望后，他们几乎完全确认连全的目的地就是巨人山。这时，他们除了紧张，大脑还腾出一点儿地方思索连全口中的"一个人"是谁。

在巨人山的上空，纪伦分析说连全的"一个人"不一定是魔族人，也许是住在巨人山的其他魔力种族人。可是，当连全在青阳山庄外降落，并手指着青阳山庄说要进去"见一个人"时，利夏、纪伦和连伯彦都震惊了，连壹索的脸色也异常了。

"是谁？"壹索面色有点儿冷。

连全很认真地看着壹索，字字清晰地说：“魔族的老族长——墨勒！”

这下子，壹索就是想要克制也克制不了了，马上露出了从未有人见识过的震惊表情。他甚至一动也不动地站着有十秒钟。然后，当连全问他要不要进去时，他立马默然地朝青阳山庄走去。

“这实在是太难以置信了！”纪伦喃喃自语。他紧跟着大人们的步伐走进青阳山庄里。

此时是晚上九点多，还没到青阳山庄沉寂的时间，好多目光发现了青阳山庄的少主人带着一张阴冷得很的面孔回家。虽平时壹索的脸几乎缺乏表情，但这种既带有浓厚怒气又带有浓厚阴郁的神情是极少见到的，以至于众人都感到诧异。奇怪的是，众人并不回避这种怒气和阴郁混合在一起的气息，都在默默地关注着，似乎这气息并不会伤害到他们。倒也是，只要没有言语上的试探和刺激，基本上这个平时缺乏表情的人是不会计较的。

余道奇也发现了弥漫在青阳山庄门厅里的异样气息，连忙迎上来询问原因。壹索没有任何解释，只是表示要见自己的爷爷。余道奇带着疑惑的神情表示墨勒很快要就寝，如果不是太要紧的事就不要去打扰一个老人家了。但壹索不理会，很坚持自己的要求。余道奇知道壹索是个倔脾气，认定的事绝对不会轻易妥协；而且他也很明白，壹索一向不是个无理取闹的人，一定是出了什么很紧急的事；紧接着，他再联想到萧龙星球最近不太平得很，出事是家常便饭了；于是，他的大脑快速这么一分析后，就以理解的心态急匆匆地去找墨勒了，并表示壹索和其他人可以在二楼的会客室里等候。

在前往二楼的会客室时，利夏耐心地劝导壹索冷静一下，因为从连全的初步说明，以及对墨勒爷爷很透彻的了解，不会是很糟糕的状况。而连全则表示，他觉得事情一点儿也不糟糕，就是不知其他人的接受程度了。不知是经过了利夏与连全的劝导和说明，还是因为自我分析过了，壹索踏入会客室时已经显得冷静了许多，神情也恢复了原本的样子。

不多久，在行弋的陪同下，余道奇推着墨勒走进会客室里，连卫洛也被惊动，紧跟在后头。墨勒原本是一张笑嘻嘻的脸，似乎刚刚说了一个笑话或是被某个笑话逗乐了，但当他一见到连全，神情顿时出现了一百八十度逆转——愕然一惊。还没等余道奇将轮椅推到合适的位置稳住，墨勒就先叹口气，然后说：

“你们都知道了！”

马上回应他的是连全：“对不起，墨勒族长！”

墨勒连忙又是摇头又是摇手。“不不不，不是你的错！是我强烈要求的。”

“其实我是很愿意这样做的……”

“放心，没人能责怪你，只责怪我一人就行。”

“唉，我违背了名里先生的意愿！但我并不后悔！”

墨勒和连全之间的对话让众人感到十分莫名其妙，所以很快就有人打断了他们都极力要承揽一项不为人知的罪名的言行。

“到底是怎么回事？”行弋一脸茫然地问，但目光是投向儿子。

壹索摇头表示不知，但很有可能行弋理解为他不想说明。这时，墨勒表示由他来说明，但连全却觉得应由他来说明，无须麻烦老族长。这一次，墨勒没有据理力争，于是，由连全来向蒙在鼓里的人解除疑惑。

“五块魔力石，分别要送给巫术族、魔族、魔药族、精灵族和萧龙种族，但我把应给萧龙种族的那块魔力石给了墨勒族长。”他说，“就是这样，也就是说，魔族里有一个人是强魔力者。”

“就是金格。”墨勒补充道。

“金格是强魔力者？”纪伦惊呼。

“是的。”墨勒回答，“是我要求连全把魔力石给我的，所以你们别怪他。”

连全那么神秘兮兮，壹索那么冰火交集，利夏、纪伦和连伯彦那么东猜西疑，青阳山庄那么兴师动众，结果揭发出来的是这么一件的确是有人觉得糟糕、有人觉得可以接受的不大也不小的事。

“可是，父亲，您为什么要这么做？”行弋问。

“名里先生不是给了一块魔力石给壹索吗，也就是等于给了魔族，老族长为什么还要多拿一块呢？”卫洛也很不解。

墨勒瞟了壹索一眼。“我哪知道他有一块魔力石，他又没有像正常的孩子一样跑到我面前说：‘爷爷，我有一块蓝色的魔力石！’再说了，成中的这块魔力石是希望那个强人的灵魂能成为金格的灵魂。幸好我拿了，壹索拥有的那个结果跑去萝铃那儿了，不然，魔族就没有强魔力者了。”

“我有点儿糊涂了！”纪伦说，“墨勒爷爷什么时候认识连全爷爷的？还有以前您说的那些话，好像丘氏家族里您只见过太中太爷爷一面而已。总之，太复杂、太混乱了，我完全搞不明白。看来，墨勒爷爷您一直都在骗……在瞒着我们！”纪伦连忙改口。

“没错，我的确骗了你们很多事，但又有什么要紧呢？又不是杀人放火的坏事！”墨勒十分不以为然。

气氛没有了刚开始的逼迫和紧张，反而是轻松了许多。不过大多数人选择了沉默，在思考，因为还有太多疑问；也在倾听，因为制造悬疑的人正在一点一点地给出答案。

“太中老爷第一次带墨勒老族长到家里来做客时，我就认识了老族长。”连全说。

“其实我和太中并不是只见过一次面，我们经常见面，经常结伴一起去一些展示会参观。后来我当了族长，结婚生子，就比较少见面了。”墨勒补充。

“名里先生去世之前把五块魔力石交给我，吩咐我和太中老爷按他制订的计划分别送给那五个种族。名里先生去世后，为了不被太息和太丘发现这个计划，太中老爷就伪装成名里先生，由我陪同去分送这些魔力石。太中老爷如果要伪装成名里先生就需要成木长老的帮助。成木长

老会一种魔法，就是制造虚假的灵魂——萧龙种族祭祀殿里的萧非就有一个虚假的灵魂，是成木长老在协助名里先生复制墨夷老人灵魂的记忆时偷取了这些记忆制造而成的。他以为名里先生不知道，其实名里先生都知道，但没揭穿，一方面是名里先生已经没有力量跟他斗了，另一方面就是名里先生真的很需要他的帮助。不过，名里先生对我说，成木长老不会构成威胁，因为他在复制灵魂记忆时留有一手成木长老想也想不到的绝招。但是什么样的绝招，名里先生没有跟我说，他说这个秘密只有他知道，他死了再也没有人知道了，只有他的灵魂保存有关于这个秘密的记忆，而墨夷家族的任何人永远也不会知道。其实，要制造一个虚假的灵魂，就需要一个真的灵魂，也就是说，要能表达出虚假的灵魂的记忆和意识，就需要真的灵魂代为表达。和名里先生的虚假灵魂融为一体的是太中老爷自己的灵魂。就是这样，太中老爷就可以变身为名里先生骗过太息和太丘，让他们以为名里先生没死，有所顾忌而不敢轻举妄动，这样太中老爷和我才能顺利地把魔力石送出去。赠予魔力石的第一个人是巫术族的一个女人；第二个人是魔药族一个老太太；第三个人就是壹索——壹索在空中快车上遇见的名里先生其实是名里先生的虚假灵魂。可是，太中老爷没能再和我一起去送另外两个魔力石，因为他去参观一个魔力科技产品展，结果被太息和太丘追杀，重伤后一直躺在床上。就是这时，我突然显得既愤怒又无措，于是，我来到巨人山找墨勒老族长，希望他能帮帮我。其实当时，我就有一个念头，就是更改名里先生的计划，不再将另外两块魔力石随意地送出去，而是送给指定的人，将来他们出世了，长大成人了，就是自己人，可以帮助丘氏家族对抗墨夷家族。我把我的想法跟墨勒老族长说，老族长立即同意，并表示送一块魔力石给他，他希望这个灵魂能成为他即将出世的孙子——金格——的灵魂。我当时高兴万分，因为这样的话，就有一个强魔力者是我们自己人了。最后一块魔力石我选择了巴莉——在我陪同太中老爷去看望壹索的母亲平陵小姐时，就认识了巴莉，后来我了解到她嫁给了一个精灵族，于是就把最后一块魔力石送给了她。这就是我违反了名里先生的遗言，自己制订出来的计划。其实，我从不后悔更改名里先生的计划，因为在异世界的萝铃小姐和鲁步先生招募了一些信徒，队伍正在渐渐壮大，迟早会有一天回到萧龙星球与墨夷家族对抗，到那时，有这两个强魔力者的加入，那么我们对抗墨夷家族的队伍就更加强大了。而自从奥斯比回来后，我就叫他去寻找其他强魔力者，希望找到后能加入我们的队伍里，那我们对抗墨夷家族就更加有恃无恐了。所以，即使你们责怪我，我也绝对不认错，更不会后悔。"末了一句话，连全斩钉截铁地说。

"为什么要后悔，为什么要认错？"墨勒语气不满地说，"为什么要将强大的灵魂送给别人，特别是巫术族。要是我早知道，我绝对会劝太中不要这样做。哼，如果发生了战争，巫术族啊，魔药族啊，还有精灵族，会帮我们吗？幸好连全来找我，留了一个给我们，不然我们一个强魔力者也没有——当然，萝铃虽然也是强魔力者，但那是意外，是当时没有预料到的，那可真是老天爷帮大忙了。"

连全和墨勒侃侃而谈，似乎头头是道，会客室里没有一个人反驳一句，其实连流露出异议的神情也没有。也许在之前会有些异议，但现如今萧龙星球弥漫着战争的气息，萧龙种族面临着巨大的挑战，所以，有强魔力者的相助简直就是如虎添翼呀。

"虽然不尊重名里先生的意愿很不对，但连全这种做法也不是坏事，反而对现在忧患不断的萧龙星球来说是好事呀。"卫洛说。

谁知有人泼冷水！"你们把强魔力者看得太重要了，"壹索语气有点儿冷地说，"其实强魔力者可有可无，而每个人都可以成为强魔力者。"

"你这是什么意思？"墨勒不悦，"你是魔剑手转世，是强魔力者，你就觉得不重要。你根本不明白一个魔力不强的魔法师的痛苦！"

壹索皱了下眉头，但没回应。而行弋连忙安抚父亲的情绪：

"父亲，您别生气！壹索的意思是说，团结是力量，即使是强魔力者，能力也是有限的。"

“哼，那可要看是怎样的强魔力者喽！那可是墨夷老人的灵魂，是魔法创始人的灵魂，保存有不为人知的高深魔法，如果我们得到了这些魔法，什么恶棍、鬼魂都不怕了！还有墨夷家族，这么费尽心思地想要夺取墨夷老人的灵魂，还不是因为这个灵魂拥有巨大的财富吗？！”

“好吧，好吧，有总比没有好！”行弋无奈地附和年迈的父亲。

“实在是没想到事情是这样——其实，因为巫术族和幽灵族知道了一些本该保密的事，所以我和壹索还怀疑是连全先生泄露出去了。对不起，连全先生！”利夏诚恳地说。

连全愣了一下，“啊，你们是因为这个吗？我怎么可能会向巫术族和幽灵族泄露秘密呢？！我也很诧异巫术族怎会那么厉害，又是预言，又是揭露的……”

“难道是成木长老？”利夏思考的样子，“可是，他这样做让萧龙星球陷入混乱，对墨夷家族一点儿好处也没有呀？！”

“反而是大大的坏处呢！”纪伦接着肯定地说，“难道巫术族的水晶球真能预言？”末了，他提出一个问题。

瞬间，众人陷入思考的世界里。然而，仅静寂了一分钟，会客室就突然迸出了一个大嗓门——

“壹索，不好了，萝铃飞出去了！”

那是马克斯的声音。

会客室里的人都大吃一惊。壹索连忙从口袋里拿出巴比基。

“什么？”他问。

“什么什么？”马克斯反问，“就是飞走了呀！”他还是那句话。

“我是问为什么飞走了？”壹索生气地说。

“我怎么知道为什么飞走了？反正她就是从窗户飞了出去——你不是叫我和金格一个守在门外，一个守在窗户底下监视她吗？等把她抓回来，你再问她为什么飞出去吧。”

“给我，我来说！”这是金格的声音。

“难道你知道？你又不是她肚子里的蛔虫！”马克斯不满。

“她飞去哪儿了？”利夏靠近壹索，紧张地问，“你们有没有跟着她？”

“我是金格，我在窗户底下守着，突然，萝铃竟然从窗户里飞了出来，然后头也不回地飞走了。”

“真是，还是和马克斯说的是一个意思！”纪伦着急地说。

“利夏在问：她飞去哪儿了？有没有跟着她？”马克斯的声音冒出来。

“有，我们跟在她后面。”金格回答，“去哪儿只有她自己最清楚了。不过，我怎么觉得这条路线是我平时从白房路回巨人山的路线呀？”

“巨人山？”纪伦诧异，“萝铃飞到巨人山来干吗？难道知道我们在这儿，来找我们？可是……”他歪了下脑袋，一副想不通问题的样子。

然而，壹索突然说出了一句让所有人震惊的话：“不，她是在去财富之门的路上。”

“什么？”墨勒叫了出来。

“你们继续跟着她，保持通话。”壹索指示金格和马克斯，“我们现在就去找你们。”他说着，示意利夏赶紧离开。利夏急忙跟着壹索走，纪伦、行弋、连全、连伯彦和卫洛紧跟着利夏。而墨勒着急地要求余道奇赶紧呼叫金格的巴比基，他有急事要跟他说。

“好的。我们现在已经跟着她刚到玉米区，你们快过来。”当壹索走出会客室后，马克斯的声音从壹索手中的巴比基传了出来。

几分钟后，七个身影从青阳山庄里急速地飞出来，淹没在夜空中。

第二十一章 财富争夺战

萝铃发现她没有死去。或者事实是，她的灵魂还没有死去。

“你终于醒了！”

谁？她从床上坐起来，怀着害怕的心情搜寻。可是，都是浓雾！啊，是她的紫眼灵魂！可是，为什么他的声音如此陌生呢？

“是你吗？你可以出来吗？因为我现在一点儿力气也没有。”

雾在渐渐地变稀薄……没错，就是紫眼睛的灵魂！不过，他的紫色眼睛不是她所熟悉的眼睛，而是一种带有怨恨的眼睛。

“你为什么生气？”她好奇地问，但也带点儿莫名的惧怕。

“因为我渴望自由、空间和广度，但你却束缚了我；因为我勇攀权力、财富和快乐的天堂，但你却扼制了我。你把我挤压进一个黑暗的囚牢里，甚至连一点儿缝隙也不开通给我呼吸。我是烈焰，原本应该要熊熊燃烧来生存，但你却用冰冷的水吞噬我，置我于死地。你这个无趣的、令人厌恶的缩头乌龟！你以为你有一副坚硬的外壳，其实你脆弱得任何微弱的力量都可以将你颠覆。你泯灭了充满热烈理想的天性，放弃了史诗般的生活，甘愿成为浩如烟海的微尘。我不是生你的气，我是鄙视你、笑话你，甚至是可怜你。”

“不，权力和财富才是微尘！”她反驳，“如果你到达过快乐的天堂，你就应该了解到，那里充斥的只有平凡和爱——干净、纯白的平凡和温暖、舒畅的爱。烈焰是地狱之火，使世间的一切美好变成了一片灰烬，从天堂而来的冰雪使世间免于成为地狱的属地。”

“多么可悲的自圆其说啊！小草没有大树的高度，看不到更宽阔的天地，便自以为这天地其实是平凡的。因为小草没给自己订过什么目标和尺度，所以永远都只是渺小的。”

“不，小草的目标是坚韧地扎根，小草的尺度是宽阔的土地。事实上，小草才是领略到更宽阔天地的平凡生命。”

“你自认是平凡和爱的人？你自认是有坚韧目标和宽阔尺度的人？”

“当然。”

“你只是订立了这样的理想，却从未实施过。你不过是空想者罢了。”灵魂在嘲笑，“你看，你正畏缩在这柔软的床上，而不是去传播你的平凡和爱。因为传播的道路必然要跋涉崎岖不平的荒野。你胆怯了！”

“不，我不胆怯！”

“你的根在哪儿，你的土地在哪儿？你根本只是在想象，永远也拥有不了。你这撒谎精，在幻境和魔术中为自己鼓舞！”

“不，我没想象！”

“那么，现在就是起程的时刻了！别再畏缩在这柔软舒适的幻境里，别被魔术蒙蔽了你的心灵。把你的手给我——你的灵魂，将带你去征服更多的平凡和爱，踏足更多的土地传播平凡和爱，最后带着更多的平凡和爱进入快乐的天堂。”

萝铃毫不犹豫地朝灵魂伸出了手。

“让我们在躯壳的保护下去征程吧！”

萝铃和灵魂回到她的躯壳里。

萝铃的眼睛再次睁开。不过，这一次没有看到浓雾，而是可住一个人的平凡的房间。从这个平凡的房间出发，她将要去征服……

狂热的渴望立即赠予她充足的能量，她充满力量地离开柔软的床。她走到窗户前，打开窗户，然后飞了出去。

空气清新的凉夜，广阔无垠的天空，使她身上产生了不可思议的作用。啊，我置身其中，不是因为我属于它，而是因为我拥有它。我怎么能让这愉快的感觉从我的手心中溜走呢？不，谁都不能抢夺，不然，我一定会毫不留情地抗击，甚至毁灭。这美丽的天地啊，我会用我的魔力来保护它！

一个虚假的灵魂飞到她的身旁。

“你要去哪儿？”萧非好奇地问。

“我要去开启财富之门。我要用我的财富来装饰我的美丽天地，使它更加美丽。”

“啊，我想起来了，是有一个财富之门。这是我们俩共同拥有的财富之门。”萧非兴奋地欢呼。

“你只是个虚假的灵魂，不再拥有财富了。”萝铃鄙视道。

“啊，我只是个虚假的灵魂！”萧非黯然神伤，“如果你得到了幸福，请告诉我幸福是什么感觉。”

“我现在就很幸福！”

“什么感觉？”萧非带着渴望。

“我看见了……”

“看见了什么？”

“看见我站在云端，欣赏着脚下肥沃而美丽的土地，倾听着平凡而爱的人们在欢呼。我到达了天堂，赐予我的信徒食粮。”

“你幸福吗？”

萝铃瞪眼。“我拥有了土地和信徒，自然是幸福。”

“我曾经也拥有土地和信徒，但我并没感觉到幸福的存在。”

“那是你，而不是我。你是一个失败者！”

“我是一个失败者吗？”萧非再次黯然神伤。

“看，我的财富之门就在那里！它由一个巨人保卫。”

萝铃飞入巨人山。

虽然黑暗掩盖了一切，但她很熟悉，她的脚底下是一片风光如画的土地。虽多年未踏足，但她仍然看到，栽种的大树仍充满了生机，花果茂盛地开放迎接飞鸟。她仍然记得一切细小的事物，记得每个角落的独特面貌。她的眼睛感到一切都格外亲切。她急速地飞过碧绿的牧场、茂密的树林、陡峭的山坡、苔藓满布的丘陵和深邃的峡谷，飞落在她魂牵梦萦的那面湖前——由她亲手制造出来的蕴藏财富的湖。她的目光从这如镜的湖面上看见了那一幅幅曾经优美的图画。她的目光化作一道锐利的魔光，射入这镜中……

静寂的湖水被惊动了！它迅速地形成了一个又一个旋涡。一个又一个旋涡中升起一缕又一缕的烟雾。一缕又一缕的烟雾筑起了一面墙。湖面上的雾墙透明了，显现出了一个人——白发苍苍的老者——墨夷老人。他说：

“这是灾难也是希望，当开启魔法世界的财富之门！我是魔法的创始人，我很荣幸将来自魔法世界的财富赐予你！

“想要得到财富，就要了解奥妙而复杂的万物之灵——人类。千变万化的魔法试验中，我发现，人的内心自有一种动力，在它的驱使下，人向往着永无止境的完美，探求着永远没有理由厌弃的目标，塑造自身的能力到达巅峰。遗憾的是，人的内心也自有一种阻力，即怀疑、不自信，往往只活在执著的憧憬和多余的幻想之中。这错综复杂的人啊，其实也可以得到完美、完成目标和到达巅峰，即赐予一个让思想得以行动的高尚信仰。作为一个高尚的信仰，给炽烈虔诚的心灵提供实现思想的指导。

想要得到魔法世界的财富，就要有一颗对魔法虔诚的心灵。相信有，就会有；相信可以，就会可以。最后的结论是：人人都是强魔力者，只要虔诚地信仰魔法。

“有了理论就要实践。那些相信我的理论的人啊，你们既然已经实践了我的理论，那么就再也摆脱不了我的束缚了！其实不是我束缚了你们，是你们自己束缚了自己。当然，你们也不会想要摆脱我的束缚，因为你们已经尝到了被我束缚的乐趣，即完美和巅峰。于是，你们会越来越信仰我的理论，越来越信仰我，如此一来，你们在我创造的魔法世界里越走越深，完全陷入。

“开启财富之门的人啊！我毕生积累了太多的财富，就深藏在我内心最深处，我是无法通过言语全部传授。请展开你的身躯，接受我的赐予吧！”

墨夷老人突然化为了万丈光芒，向四周照射。

就在这时，萝铃欣喜、兴奋地张开双手时，她听到了萧非尖锐的声音，同时感觉到有好多力量把她推向前。最后，她掉落湖中。

多么冰冷的湖水啊！迅速地冷却她炽热的灵魂。当她被人托起时，她听见喧闹的声音。当她被人抱出湖水时，她看见湖面出现了一个洞，她还看见好多熟悉的人在湖边争斗。这是怎么回事？

“萝铃小姐，你没事吧？”

多么熟悉的声音！她循着声音的方向望过去。是易克。

“怎么回事？”她问，“他们为什么在争斗？”

“他们在抢夺魔力神的财富。”

萝铃站起来，望着这一切，听着萧非述说一切，但她心里不能接受这一切。

在墨夷老人的万丈光芒的照耀下，金格、西摩和士季正展开身躯。他们就像是虔诚的信徒在接受信仰的精神赐予的财富，因此面孔洋溢着幸福和满足的气息。可是，在他们的身后却是激烈的魔法战场，太多熟悉的面孔参与其中：壹索、行弋、利夏、纪伦、卫洛、世炎、干已、钟离飘、墨勒、连全、月使、日使、马克斯、奥斯比、连伯彦、成树、成林……还有好多的黑袍人、灰袍人、白袍人、太史保镖、警察、魔族人、白精灵……好多人争先恐后地想要进入湖洞里，但总被太多锐利的魔光阻止。

“萝铃小姐，你待在这儿别动。我去帮忙。”易克说。

“好的。”萝铃木然道。

面前虽是一个已经有人倒下的残酷战场，她却觉得很想静静地伫立片刻。有一个关系重大的问题在她眼前飘浮，她需要紧紧抓住，把它放在她的面前，把它带到她为了判断此问题而设的内心法庭上，被公平公正的法官审议：优劣，是非曲直。她痛苦地看到了公平公正的法官审议出来的结果：它有罪。她有罪！她会犯下罪过，是她的为恶之心使然。她不假思索而走的一步，无可挽回地留下了痕迹，塑造了罪行，事后想涂改已无可能。体内那个邪恶的灵魂啊！为什么被他吸引？为什么被他抓住？为什么被他支配？为什么被他欺骗？为什么被他硬拉着走呢？世界上何种得胜的蛊惑，引导她向恶魔靠拢！她有罪，应该被判死刑！

就在她产生这个可怕的念头时，她看见了一张充满了关怀的脸。她看得很清楚，恰如就在她眼前。那张洋溢着关怀的脸说：“灵魂最需要什么呢？圣洁的幸福和圣洁的爱。她整个身心出现了一种恬静之感，使她觉得安详、满足。心灵在说，不要怕，心灵在说，沉重的负担抛开，心灵在说，更新，然后起程。在朋友温暖的关怀下，她的不幸就像白霜一样融化了。

一道魔光射向她的朋友。啊，不！她迅速地飞起来，一边朝火柴棍飞过去，一边发出解除咒语的魔光。但是，晚了，她的朋友倒下了！

受了伤害的心愤怒了！萝铃用力地一挥，朝那个下毒手的黑袍人发出一个撕裂咒。黑袍人顿时倒地哀叫。

就在墨夷老人的光芒消失后，就在金格、西摩和士季不再展开身躯后，战场出现了一些变化——可怕的变化！

战场是很混乱的，也不知道哪些是正义的战士，哪些是邪恶的化身，总而言之就是你打我我打他他打你，就是谁也不让谁靠近那个湖洞。由于迟迟没有人进入，湖洞渐渐收缩，最后消失了。顿时，战争的目的转换，几个孩子（也许都是强魔力者），成为了袭击的目标。一部分人被命令抽离原来的战场，开始猎杀强魔力者行动。之所以知道这是针对强魔力者的袭击，是因为精灵族族长、巫术族族长和幽灵族族长都在高呼："把其他强魔力者杀了！""这个星球只能有一个强魔力者！"

萝铃正在为火柴棍解咒，没有一点儿觉察，直到纪伦、金格和西摩同时发出警告："萝铃，注意背后！"时，她才知道，好几道锐利的魔光正急匆匆朝她而来。她震惊，连忙伸出手迎向魔光。她庆幸，那些发出警告的人和那些即使没发出警告却有直接行动的人帮她解除了危机。

正义的战士不再阻止邪恶的化身进入财富之门，邪恶的化身也不再奢求进入财富之门，而都是开始了强魔力者保卫战。

"你们快点儿去保护那些孩子！"利夏一边躲开钟离飘的咒语，一边向警察下命令。

"金格，得赶紧去保护萝铃和火柴棍！"纪伦喊道。

"金格，你快点儿走！"墨勒叫道。他虽然坐在轮椅上，但施展起魔法来还是很锐利的，更何况他还有余道奇做靠山。

"不，爷爷。"金格一边抵御好几个黑袍人的袭击，一边慢慢靠近萝铃。

"你们快点儿去保护少爷！"世炎对那些拿着魔杖的巫师喊道。

而西摩的回应是："爸爸，你快住手，不要杀他们，他们是我的朋友。"

"萝铃，西野，带着士季快点儿飞走！"壹索一边高声叫喊，一边解除世炎的魔光。

萝铃不能飞走！不仅仅是因为她要对抗巫师、精灵、幽灵和黑袍人的魔光，还因为火柴棍仍是昏迷状态。上帝啊，求求您不要让他死！萝铃内心不住地祷告，双手不停发射魔光来阻挡朝她和火柴棍而来的咒语。她无法思考，所以她找不到最好的解决办法，只知道不停地发射魔光，才能既保全自己也保全她珍视的朋友。她不知道多长时间了，只知道谁都在战斗，没有一个人来帮助她，她觉得精疲力竭的时刻正在来临。而令她感到愤怒的是，战场外，被一群灰袍人和太史保镖簇拥的成木、太息、太丘和太史穗冷眼旁观，就像是在古罗马竞技场观看角斗士格斗的王公贵族。

"萝铃，我掩护你，你看看火柴棍怎么样了。"历尽千辛万苦，金格终于到了萝铃身旁。

萝铃终于可以卸下了武器。在战斗时，她以为她很坚强，当她不再战斗后，她立即脆弱得想要哭出来。她流着泪，哽咽道："好的。"她连忙跪在草地上，用手去感觉火柴棍的生命气息，"他还活着，可是，他为什么不醒呢？"她哭叫道，连自己也不清楚是叫给谁听。

"萝铃，你可以查出来的——他中了什么咒语。"

那是壹索的声音。他已经离她不远了，而他的对手——成树——仍在紧逼着。利夏也在靠近，行弋也在靠近，马克斯也在靠近，警察也在靠近，魔族人也在靠近……渐渐地，萝铃、金格、纪伦和火柴棍被一道坚固的围墙包围了起来。

"他好像是中的……夺……命咒？"萝铃用疑问的口气小心翼翼地说出这句话。

"怎么可能，他还有气呢！"纪伦不认同。

金格还在检查火柴棍的身体，"我也觉得像是夺命咒。可是，如果是夺命咒，早就没命了，但他还有心跳和呼吸。"

"怎……么办？"萝铃感到恐惧，因为有人几乎证实了她不想被证实的结论。

"给他注入魔力！"壹索的口气就像是在下命令。

金格听令，掌心中溢出的魔光罩住火柴棍的胸口。

一分钟过去了，火柴棍没有动静。一声惊叫惊动了萝铃，她从人墙的缝隙望出去寻找，惊愕地发现连伯彦被击倒了。五分钟过去了，火柴棍还是没有动静。又是一声惊叫声传进人墙里，萝铃不敢去寻找声音的来源，因为担心那是她最重视的人，但有人告诉了她——“日使！”月使惊呼。金格坚持往火柴棍的体内注入魔力有十分钟了，不能再继续下去，于是萝铃接替他。又过了十分钟，火柴棍仍没动静，于是纪伦接替。萝铃的目光在关注着火柴棍的面孔，耳朵却在关注着战况，她的心在一阵一阵地揪着，因为一个接着一个很有可能进入死亡名单的名字在出现：奥斯比、连全、易克、卫洛……

战场再次发生了变化，不再是各魔力种族混战，而是墨夷家族在太史家族的协助下围剿各魔力种族。是墨夷家族教会了萧龙星球的魔力种族魔法，所以魔力种族的每招每式都被墨夷家族十分清楚而准确地预测出来，很快，所有的魔力种族都处于被动的局面。

“那个孩子还没醒，怎么办？”利夏担忧地说，但手却不能停止挥动。

“这样下去不是办法——没想到是这样的局面，我们根本没有多带人过来，魔力种族还能应付，但墨夷家族人太强大了。”行弋也在担忧，“糟糕，精灵族快保护不了士季了！”

“这个女人真是自不量力！”壹索气恼地说。

“难道墨夷家族要把我们都赶尽杀绝？！”利夏说。

“不，他们只想要这几个强魔力者的命！”壹索说。

“为什么？”

“这样他们就无敌了！再也没有墨夷老人的灵魂去烦他们了！”

“得赶紧想个法子才行！我看你爷爷和余道奇也快撑不住了。”行弋说。

“是他自己要来的——为了高深的魔法和财富！”壹索恼火地说。

“壹索，他是你爷爷！”行弋责备，“金格，那孩子怎么样？”他问道。

“还没醒，我们还在输入魔力。”金格回答。

“你现在跟族里联系，派人过来援助。你，进去给孩子注入魔力。”行弋对身旁的一个魔族人说。这个魔族人立即领令，停止作战，迅速地进入人墙里。

“跟谁呀？”金格问。

"长老们。"

"巨人山几乎都要被魔光笼罩了，怎么没人被惊动？"利夏不解地问。

"肯定是墨夷家族设了封锁线。"壹索说。

"好几个长老都没接电话。"金格叫道。

"看来是他们想过来援助，但被墨夷家族阻挡住了。"行弋说。

"擒贼先擒王，把那三个在看戏的王公贵族抓住了，他们也就没戏看了。"壹索说，"金格！"他喊道。

"干吗？"金格回应。

"你和马克斯跟我去抓正在看戏的那三个人。"

"啊？"

"啊什么，你不是强魔力者吗，不是很有本事吗？"

金格不说话，而是从草地上站起来，用行动证明他"很有本事"。

壹索从口袋里拿出从脸谱人那里缴获的三双太阳能光轮，分别给金格和马克斯一人一双。金格询问怎样使用，壹索带着冷漠的脸用揶揄的口气说强魔力者不应该不会用。金格只能一脸无奈地撇嘴。壹索虽未详细说明，但是进行了演示。他将光轮往上轻轻一抛离地面约有二十厘米，就轻轻一跳踩在光轮上，就是这一瞬间，一对光轮快速运转，在他双腿的操纵下，光轮带着他往高空飞去。金格和马克斯顿时领会，依样画葫芦，很快也飞上了天。

三对光轮一上天，便吸引了战场很多人极短暂的惊异目光，毕竟战场上要全神贯注，容不得半点儿闪失。墨夷家族人似乎很明白壹索的意图，立即，好几个灰袍人和太史保镖被指派到空中截击。不愧是萧龙星球无、仅异世界有的高科技产品，在它的协助下，壹索、金格和马克斯并没有花太多时间——也就几分钟，就把墨夷家族的灰袍人和太史家族的保镖从空中击落到地上。"王公贵族"不能镇定了，连忙再派更多的灰袍人和太史保镖上阵。有了光轮的确如有神助，要知道，在魔力神与脸谱人大战时，壹索可是花了很多精力和时间。面对这些看似靠威武外表撑场面但事实上真有两下子的灰袍人和太史保镖，壹索要是在平时的确需要花些时间，但有了神般力量的光轮帮助他能像只鹰一样敏捷飞翔后，他简直是不费吹灰之力地把他们一个接着一个像丢石头似的丢到地下。金格和马克斯也是如此，他们脸上兴奋的表情表明他们觉得在空中从未有过比现在还要自由自在过，从未有过比现在施展魔法得心应手过。在这两个平日里爱贫嘴、在战场上很有本事的人掩护下，壹索直朝“王公贵族的看台”冲去。太息、太丘、成木和太史穗的脸绷得很紧，显而易见被壹索吓到并意识到他们不得不放下看戏的心态，准备应战。不过，这四个当家还没到出手的时候，除非是身边那些小喽啰都趴下动弹不得了。

萝铃一直透过人墙的缝隙看壹索、金格和马克斯在空中酣畅淋漓地杀敌，当看到壹索直冲向“王公贵族”时，感到兴奋不已，可是，当看到壹索陷在小喽啰的阵营里一时半会脱不了身时，心情立即紧张起来。她知道他需要有人帮助他尽快结束这场对我方越来越不利的战役。纪伦和魔族人在交替给火柴棍注魔力；利夏、行弋带领着魔族人和警察还在费力地与墨夷家族和太史家族对抗，更何况墨勒和余道奇体力越来越不支，魔族人必须提供更多支援；而其他魔力种族——精灵族、巫术族和幽灵族的损失越来越惨重，似乎很快就要被墨夷家族完全吞噬。萝铃觉得这场非势均力敌的战争是她引起的，她就应该亲手去结束它。她带着愤怒和决心站起来。

“我要去帮壹索。”她对着利夏的背部说。

利夏没有马上回应，似乎是在犹豫。“好的，你小心点儿！把龙狗召唤来。”他终于开了口。

得到作战口头同意书后，萝铃立即振奋，连忙叫唤龙狗的名字，一副整装待发的姿态。不到一分钟，千乘就出现了。龙狗被这腥风血雨的场面吓到了，连问了几句：“怎么了？”但萝铃没时间多言语，而是直接下命令。很快，龙狗带着她飞向空中。她指示龙狗直入把壹索困住的小喽啰阵营。

龙狗听令，以雷电之势向保护“王公贵族”的盾墙冲去。龙狗不仅是萝铃的坐骑，更是萝铃的左膀右臂，四只脚和一张嘴跟着萝铃的双手一起狂轰乱炸敌阵。仅两三分钟，保护盾墙出现了裂口。壹索和萝铃正慢慢靠近裂口，不时寻机朝裂口内发射魔光。三个墨夷家族的当家和太史穗不得不亲自动手保护自己。可是，如果这四个当家不仅仅是自卫，而是反攻的话，萝铃和壹索不仅没有胜算，还很有可能战败。于是，壹索开始智取。

“成木长老、太息族长、太丘族长，你们真的打算把这里的人都杀光，自己去对抗异世界吗？”壹索边发射魔光，边说道，“太息族长、太丘族长，难道你们就没想过成木长老为什么要杀这几个强魔力者吗？”

一听到此话，太息和太丘连忙朝成木投出质疑的目光。成木则是一脸严肃。

“这几个强魔力者的灵魂既是真的也是假的，也就是说再也不存在这个灵魂了。”壹索继续说，“你们现在不是解决这个灵魂的时候，而是要和萧龙星球各种族合作，对抗异世界的入侵。”

也许真的是壹索的劝说有了效果，成木绷得紧紧的脸放松了好多。他手一挥，并说：“停战！”

“停战？”太息、太丘和太史穗不约而同地询问。

“对，停战。马上！”成木说，“我们和他们坐下来好好谈谈，重新开始。”

迅速地，停战的命令被传达到战场的每个角落。约十分钟后，战场全面停火，而精灵族、巫术族和幽灵族不再被灰袍人和太史保镖紧逼后就马上飞上天空落荒而逃。

放眼望去，萝铃觉得眼前尸体遍地的场景很像记忆里的某个场景，而有个声音在她耳边向她证实的确就是那个场景——

“五千多年前的世界大战就是这个样子啊！”萧非感叹。

第二十二章 壹索的解析

这是在云霄大厦举行的会谈，参加的种族是：萧龙种族、墨夷家族、魔族和太史家族。从天气预报了解到，会谈的这天是一个明媚的日子。与会各种族是否都希望会谈有一个明媚的结果呢？不得而知！

在会谈日的前一天，萝铃和纪伦请求壹索和利夏告知真相是什么，但被拒绝了，他们说真相只有在会谈那一天才会被揭晓。不过，他们同意他们去参观会谈的情况。也就是说，萝铃和纪伦只是晚一天知道真相而已。这使得他们也很高兴。

也是会谈日的前一天，壹索还在外四处奔波，似乎还在寻找真相，或者是他心中已知道真相，只是在寻找揭露真相的证据。他说了一句意味深长的话："真相也许是已经冒出来了，但却是一团乱麻——不是所有的真相都是线条分明以及黑白分明的。"

也是会谈日的前一天，萝铃、纪伦、金格和大冬去了魔族的医院和魔力洲医院看望他们最关心和担忧的病人。魔力洲医院的医生说易克和卫洛虽还在沉睡中，但已经没有生命危险，应该很快就会苏醒。探望病人的四个孩子顿时欣喜万分。然而这种欣喜是短暂的！在魔族的医院里，神医勤宿说火柴棍、奥斯比、连全和连伯彦的躯壳虽然没有损伤，但还在沉睡，因检查不出他们中了什么魔法，所以生命还没有脱离危险。勤宿将病情说得很直白、很严重，使得他们感到像是一种生死离别的痛苦。最痛苦的莫过于马克斯，仅一个晚上，就有好多白发从他的黑发里探出了头。他强烈要求参加会谈，强烈要求一定要向丧心病狂的墨夷家族讨个说法——不，应该是报复！他这种强烈是不会被允许进入会谈场所的。

度过了一个难以入眠的夜晚，一个阳光明媚的日子到了！会谈是在莫明办公室隔壁的一个会议室里举行的。

比约定的时间早到一个小时，莫明、莫元、利夏和行弋带着沉重和阴郁的心情，壹索还是那张让人捉摸不透的面孔，都坐在会议桌边等候。而心情紧张的萝铃、纪伦和金格坐在会议室的角落里，被严令会谈期间一句话也不准说。离约定的时间还有十分钟时，太史家族的年少族长太史穗进入会议室，一脸的傲气。她一坐下来，就对会议室那个有人坐的角落露出了一个表示胜利的微笑。墨夷家族的代表——成木、太息、太丘和月使——晚到了几分钟，每个人的脸上都散发着令萧龙种族人和魔族人感到恼火和厌恶的轻松气息。

萝铃认为，人间被创造之初，这些只有私欲的邪恶之人是不被欢迎进入的，他们的声音她觉得刺耳，他们的面貌她觉得丑陋。他们只配待在地狱里，但他们是恶魔，看准了人们善良的缺口。世界怎样也成为不了一个高雅文明的世界，因为充沛着这类私欲至上的恶魔。只要能得到任何（人间没有他们不喜欢的和不想要的），别人怎样，他们一概不管。他们虽然有人的外表，但身体里没有一滴真正的人的血液，所以他们完全是伪装成人的恶魔。绝对是恶魔！

萝铃扫视着周围，觉得恶魔的气息已经占据了上风。心在冷酷的世界。凡是属于人性的一切，她将在她的内心独自享用。

这个会谈没有主持人，没有人念开场白，没有人喊“开始”，就好像是一个已经开始了很久的会谈。其实，墨夷家族和萧龙种族之间不平等的会谈已经开始了好多好多年……

当墨夷家族人都一一坐下后，太丘就严肃地指责由于萧龙种族和魔族的干预，导致魔力神的财富之门关闭，他强烈要求萧龙种族的强魔力者——萝铃——再次开启。

萝铃立即涌起一阵不满的情绪，用满怀憎恨的目光看着提出无理要求的墨夷家族族长，默默看了很久，致使在她眼里看到的不是一张人的脸，而是一只张牙舞爪的狼。

“魔力神是墨夷家族人，怎么由别的种族来开启呢？难道墨夷家族没有这个能力吗？”壹索说，饱含讥讽。

太丘被挑拨起怒火，直冲向眼眶里，正欲爆发出来时，被成木长老制止。“财富之门是要重新开启的，毕竟里面很有可能藏有魔力神留给后人的财富。现在的萧龙星球很需要魔力神的财富抵御外敌，更何况异世界的人很有可能也是在寻找魔力神的财富。”成木说，“财富之门的问题暂时搁置。你们就说说你们这次拜访了很多地方，都有什么收获吧。”

莫明正色地看着成木，“太史家族的族长可以不用回避吗？”

“没关系，她已经签订了保密协议，知道不保密会有什么后果。”成木回答。

萝铃、纪伦和金格顿时惊愕，都盯着太史穗。太史穗微微一笑，似乎把成木的话当成了一种充满荣耀的夸赞。

莫明继续正色地看着成木，“不知墨夷家族想要什么收获呢？”

太丘这回是真的爆发出来了！“什么收获？当然是魔力神的记忆，当然是魔力神的没有传授出来的高深魔法，当然是魔力神的财富，你们是不懂还是装不懂？！”

莫明很沉着，“我听了壹索的汇报，很震惊！因为，记忆、高深的魔法和财富毫无任何意义，反而揭露出了一些令人十分不快的真相。”

“什么快不快的，你们查到什么真相就说什么吧。”太息说。

“这些真相都涉及到了成木长老和太息族长、太丘族长，真要说出来吗？”莫明很淡然地问。

莫明这种淡然更带有挑衅意味。不过，被挑衅的三个人没有反抗，显得有点儿奇怪。他们的镇定让人觉得不是真的镇定，而是一种伪装。

静候了片刻，莫明才开口说：“既然长老和两位族长不介意，那么就让壹索来揭露真相吧。”

成木和太息、太丘还是没任何激烈的反应，默然应对。倒是月使显得兴致勃勃的。

“真是期待啊！这一路上，不论我如何请求，壹索先生就是不肯透露一个字。”她笑道，“竟然连莫明族长都说出‘震惊’两字了，看来会是激动人心的真相啊！”

“会是很激动的！”莫元嘟囔着，似乎是在自言自语。

“连莫元院长都这么认为，真是更期待了！”月使装出一副兴奋的神情。

事实上，坐在角落的萝铃、纪伦和金格都被勾起了满满的好奇情绪。他们在互视时，都发现对方是急不可耐的神情，显然处于一种兴奋的状态。如果往会议桌上看，就会发现，那里唯一的一个未成年人——太史穗——的目光里也表露出了一种狂热的渴望。

莫明向壹索示意。壹索带着最熟悉不过的冷漠神情，以及最熟悉不过的锐利目光盯视着墨夷家族人。

“我们的第一站是一个叫做双引号的小镇，在一个虚假的灵魂帮助下，找到了一个建在海边的石洞别墅，了解了那个小镇为什么叫做双引号。”他声音不高也不低，没有一个字是被强调，也没有一个字被忽视。

“一个虚假的灵魂？”太丘忍不住插嘴，提出一个疑惑。

“如果太丘族长不了解，就请向成木长老了解。”莫明解答太丘的疑惑。

太丘疑惑的目光投向成木长老，不过没有要求他马上帮他摆脱这种目光。现在似乎不是解决这个问题的好时刻，即使是天生脾气急躁的人也勉强克制住了汹涌的未知欲。更何况，成木很沉稳，一点儿也不理会，就像是屹立在海边的岩石一样不动声色。

“墨夷老人从异世界来到萧龙星球后，选择茉莉花岛作为墨夷家族的新家并不是没有任何意义的。双引号小镇和茉莉花岛遥遥相对，只隔了一片大海。墨夷老人和族人所乘坐的宇宙飞船其实是一块石头，或者并不是一块石头，是异世界的一种物质，但类似于石头。这块载着墨夷家族的石头以急速坠落在萧龙星球的一片大海的沙滩上。墨夷老人决定在这个星球安家，创建一个和异世界差不多的新家，于是，他在海边立了个碑，上面刻了一个双引号，表达一种强调、特指的含义。墨夷老人带着族人踏进了当时荒无人烟的茉莉花岛，从此那个岛成了墨夷家族的根据地。这块从异世界而来的石头外表看似石头，其实内部被建造了房屋和园林，就像一栋别墅，曾是墨夷老人的住所，后来他把它送给了一位魔族人。”

“墨夷家族得跟那个魔族人收租金才行——那么好的别墅啊！”月使笑道。

可是，没人理会她的笑话，都当做没听见。壹索继续说：

“接着我们去拜访魔药族，接触到了魔力神的信物，第一次感受到了魔力神生命的余响。”

“那天我们还解救了被魔药族囚禁的魔药族的强魔力者。”月使补充道，“就是这次解救行动，让我对壹索先生的智慧和魔力更加敬佩了。其实没有强魔力者也没关系，有壹索先生这样的能人相助，萧龙种族和魔族便可高枕无忧了。”

“遗憾的是魔药族的强魔力者被墨夷家族所伤，至今昏迷不醒。难道就是因为墨夷家族觉得强魔力者没用，所以才赶尽杀绝吗？”利夏面色阴沉地谴责道。

“利夏洲长别生气，”太息带着微笑安抚，“不是什么赶尽杀绝，只是一场混战，免不了误伤嘛！”

这简直就是睁眼说瞎话！角落里的几个旁听者已经流露出按捺不住的怒火，但一点点理智让他们记得曾被严令禁止任何言行，于是努力克制着。萧龙种族人和魔族人也在努力克制着，尽量表现出大将风度。

“魔力神生命的余响？”成木长老这句话最后加了问号。

“不知道这是不是一种魔法，只要拥有墨夷老人灵魂的人接触了他赐予魔力种族的信物，就会感应到他的记忆中某个片段。”壹索回答，“这也许是墨夷老人用来刺激他的灵魂恢复他的全部记忆。”

“壹索先生怎么会知道？难道你也能感应到？”月使笑着问，就好像是在开玩笑。

“萝铃一直跟着我们，难道你都没看到？”壹索反问，冷漠的目光击破她的笑容。

“原来是萝铃跟你说的呀！”月使无所谓地耸耸肩。这时，太史穗朝有人的角落投射出了令人难以解读，也令人不敢解读的深沉而诡异的目光。

壹索运用反问句给出的答案对墨夷家族有效果，对萝铃可一点儿也没效果。她可从未对壹索讲起过她接触信物后看到的片段，而壹索也从没问过。这是怎么一回事？她饱含着满满疑问的目光望着壹索。除非他是神仙，能透视她的大脑，要不就是她睡觉时说梦话被他听到了。不管哪种猜测，都是说不通的，所以疑问完全没有在她的脑海里消失。

“她看到了什么记忆片段？”太丘急不可耐地问。

壹索看着急躁的那位族长，不急也不慢地说：“她看见什么就不需要详细地说了，我就说最关键的……”

“什么是关键的，由我们来判断，你详细地说。”太丘几乎是命令的口气。

壹索顿时沉默，而且持续的时间足以使整个会场静寂得就像已经空无一人。他就像一个任性的孩子，被大人指责后引发出沉闷的情绪而进行无声的对抗。太丘想发怒火，但看着壹索冰冷的神情就意识到这是一种永远不会退缩的对抗，于是他打消以硬碰硬，打算妥协。

“好吧，你说最关键的。”太丘阴郁地说。他给人的感觉是他真的很想了解他永远也无法自己去挖掘的事实，而不得不放弃自我。

任性的孩子得到满足，于是不再对抗。沉闷的情绪来得快，去得也快。“最关键的是，墨夷老人去了一个招牌为‘百年神匠’的铁铺，叫一个绿眼睛的人用一块黄金打造出一个黄金锅。”壹索说。

由于壹索出现了停顿，于是太丘问道：“就这样？”

“是的。”壹索回答，没有任何多余的字眼。

“这是什么记忆？”太丘气恼道。

“壹索开始说明过，强魔力者感应到的是魔力神生命的余响，”利夏解释，“而不是从信物里得到全部的记忆。强魔力者要通过这些很短的片段来刺激灵魂显现出全部的记忆。”

“好了，好了，大哥，你就耐心地听下去！”太息劝道，“才接触了一个信物而已，怎么可能一下子就能得到全部的记忆呢，后面还有几个信物呢。那么简单的话，墨夷家族还需要折腾那么多年吗？魔力神怎么可能让人如此轻而易举地得到他的魔法和财富呢？！”

太丘面色不悦地吸口气。“说，说，继续说下去。”他挥手示意。

“离开魔药族后，我们就去龙丘古堡。”

“对了，这个我不得不说一下。”太息突然有点儿生气地打断壹索的话，“你们跑去龙丘族干吗？龙丘族又不是魔力种族，和魔力神一点儿关系也没有，和魔力神的记忆一点儿关系也没有，干吗去那儿浪费时间？！”

“如果不去，墨夷家族能捕获到那三个脸谱族人，能了解到异世界的信息吗？”壹索反问。

太息一下子哑口。很快，他冲破堵塞，说：“这是结果，而且庆幸是个好结果。之前你能预测到会有这个好结果吗？未卜先知脸谱族人就在龙丘族里潜伏吗？我谴责的是你的动机，而不是意外的收获。萧龙星球正处于非常危机中，所以才让你们提前去接触那些魔力种族，尽快得到魔力神的财富为我们增添抵抗危机的力量，结果你却利用宝贵的时间去援助友情。”

“壹索先生不仅援助了友情，还占有了脸谱族人的三双光轮。”月使就像是在告状一般，“要不然，巨人山之战怎能让壹索先生突破墨夷家族的阵营呢？”

“没错，是为了友情。”莫明目光毫无惧色地盯着太息，“因为萧龙种族、魔族和墨夷家族不一样，是很看重友情的。因为萧龙种族和魔族深知光靠一己之力或是光靠高高在上的权力，是不能对抗强大的外敌，必须团结萧龙星球里所有的力量。众志成城，多一个朋友添砖固墙总比多一个敌人攻我不备好！”

“既然有了好的结果，就忽略开始的动机吧。”成木淡然劝导，“毕竟是很有帮助的结果。我们的确掌握到了很有价值的信息。壹索就说说龙丘族之行吧。”

壹索喝了几口水，就好像没听到成木的话似的。他放下杯子后，才继续用不急不慢、不高不低的声音说：

“我想，月使一定详细地汇报过抓捕脸谱人的经过，我就不需要说了。”

太丘询问的目光投向月使，“月使什么都没说。”

“太丘族长，回来后我只是简单地跟成木长老说了一点儿，根本没太多时间详细跟两位族长汇报呢。”月使连忙解释。

太息笑起来，“大哥，月使跟叔叔最亲，你又不是不知道。”

“别说些无关的话。”成木制止，“壹索，你继续。”

“真没想到月使没跟两位族长汇报！”壹索很正常的语调说出一句令人有所联想的话，“不过，今天我可没时间详细说，就麻烦月使过后再详细向族长们汇报吧。”

“好的，好的！”月使说，“壹索先生这么客气，还真是让月使惭愧起来。而且还是第一次见识到呢！”

壹索不为所动地瞧了她一眼。然后，他继续说：“龙丘族之行让我们得到了龙丘古书。这本书是战斗英雄龙丘记录自己人生的日记，是很有价值的历史资料。本来，我看了看，觉得日记里几乎都是关于萧龙种族的历史，有些是现在不能公诸于众的秘密。其实不然，在萧非的指引下，才发现龙丘古书的最后一页纸才是关键。”

“萧非？”太丘惊呼，“你指的是谁？”

“就是那个虚假的灵魂。”利夏解释，“太丘族长，会谈结束后，您再向成木长老了解吧。”

太丘质疑的目光投向成木。成木不愧是一棵老树，根扎得非常稳。

“那张魔法纸显现出来的是龙丘和龙瑀的对话，根本没什么值得关注的呀？”月使不解地问。

“你没有墨夷老人的灵魂，你当然不知道其中的奥秘。”壹索说。

“是呀，平凡人只有平凡的智慧！”月使感叹。

“什么奥秘？”太丘问。

“龙丘透露他已经找到了一个可以铲除恶魔的人，而这个人就在他的记忆里。龙丘眼中的恶魔是指萧非，因为世界大战时萧非制作可怕的魔药给士兵们吃，这个秘密被揭露后就被萧龙种族人视为恶魔。而龙丘的记忆就是指他的日记，也就是龙丘古书。”

“你不是说龙丘古书只有萧龙种族的历史吗？”太丘问。

“表面上看是这样，如果仔细研究就会发现一些被隐藏起来的机关暗道。”壹索回答。

“什么机关暗道？”太丘再问。

“太丘族长何必去劳烦自己那些智慧呢？你应该是坐着，不要费心去了解什么机关暗道了，由我去研究解开后，把里面的内容直接汇报给你，不是很好吗？”壹索虽然语气很平淡，但很多人都听出了其中暗含着揶揄的意味。角落里的金格就忍不住地轻声一笑。

“好吧，直接说内容。内容！”太丘似乎没任何觉察。

“龙丘的这句话让我有了一些想法，结果打开了龙丘古书的机关暗道后，里面的内容证实了我的想法。就是，萧非虽然拥有墨夷老人的灵魂，虽然很强大，但有人能对这个灵魂起到一定的威胁。这个人不可能是萧龙星球人，几乎可以肯定是墨夷家族人。”

“你是说墨夷家族有人可以对抗墨夷老人的灵魂？”太息诧异。其他墨夷家族人也很诧异，只有成木长老很沉静。

“当然不会是完全的对抗，只能说是起到一定的作用。”沉默了很久的莫元忍不住插嘴。

“这么说，你已经知道是什么人？”太丘问。

“当然，壹索已经先跟我们汇报了。”莫元回答。

“什么人？”太丘问。

“这个发现让我的思路开拓了不少啊！”壹索没有回答问题，反而感叹起来，目光的目标似乎是成木长老。不过，成木长老这棵老树还是很稳。

“到底是什么人？”太丘着急起来。

“太丘族长，别急，请耐心听下去，今天你会得到答案的。”利夏说。

太丘既无奈又恼火地挥手示意壹索继续说。他一直显现出来的急躁让角落里的三个孩子经常克制不住地掩嘴偷笑。

“离开了龙丘古堡，我们就去找吸血族。”壹索接着说，“触摸了吸血族的信物——獠牙——后，那些记忆的画面并不重要，重要的是墨夷老人的话。”

“什么话？”太丘又表现他的急躁。而三个孩子又不得不笑起来。

“墨夷老人对他的孩子说他要在萧龙星球创建一个吸血种族。可是，萧龙星球是没有吸血鬼的，而墨夷老人是从他曾在地球时了解到的关于吸血鬼的传说而萌生出这个想法。他说，虽然萧龙星球是真的没有这种吸血的怪物，但只要萧龙星球人相信有，就会有。他利用吸血族的创族人密茅作为一个信徒对魔力神的信仰十分虔诚的心，让密茅深信自己学会了魔力神赐予的魔法书就一定会成为一个热爱吸血的人。密茅一心想要学会高深的魔法，根本不在乎任何给身体造成的异常变化。墨夷老人还给了密茅龙狗藤的种子，要求他在学习魔法的同时还要食用龙狗藤。"

"妈呀，真恶心！"月使叫了起来。

"到底是由于太过虔诚的信仰造成的心理作用，还是食用龙狗藤造成吸血族出现了身体的变化就不得而知了。如果想要知道，也许可以通过食用龙狗藤来试验一下。"壹索说。

"只有傻瓜才会去这么做！"月使笑道，"要学会高深的魔法有很多途径的。"

"密茅太过虔诚，并没有觉察到墨夷老人的欺骗啊！"利夏感叹道。

立即有人表示不满。"欺骗？哼，如果不是墨夷老人的赐予，萧龙星球人根本就不会运用体内的魔力施展魔法，依然还是一群无知而野蛮的人。"太丘用鄙视的口吻说。

"如果萧龙星球没有得到赐予，对自己体内的魔力一直无知，永远也学不会魔法，也就能过平凡而太平的日子了！"莫明淡然地说，似乎只是表达一种想法或是情绪的抒发，并不是对抗太丘的言论。

"要是吸血族知道了这个秘密，会是什么样的反应啊？！"太史穗突然笑道，似乎在表达一种幸灾乐祸。

"难道他们要造反？"太息笑道，"反正学会了高深的魔法，吸点儿血也算不了什么可怕的变化，又不会对自己有任何伤害。反而有好处哦——好多人都对他们有畏惧心理呢！"

"假设性的言论毫无意义。壹索，继续吧。"成木说。

壹索看着成木，“吸血族的这个秘密对我来说没什么大不了的，反而是吸血族的波利长老告诉我的一些事让我获益匪浅。”

“看来，这次拜访魔力种族的行程让你感兴趣的不是魔力神的记忆，反而是那些旁门左道嘛。”太息笑道。

“往往旁门左道才暗藏天机。”壹索的目光似乎还是专注在成木身上。

“天机？有意思了！”太息继续笑。

“波利说，他收到了一封信函，指引他如何解救被墨夷家族钉在墙上的七百年的奥斯比·福斯特、如何借助萝铃的力量去解救自己的妻子——莉丽，也就是波利的妹妹，也是密茅的灵魂。这封信特意叮嘱波利谎称是萧龙种族的一位元老——元懿——引荐萝铃。是不是元懿引荐，现在还不清楚，因为当时的元懿在沉睡，当然也不排除他装睡，暗地里做这些事。我不需要证明是不是元懿引荐，我感兴趣的是信函的笔迹。这个人在写信时，为了让波利深信不疑，没有使用打印字体的方式，而是手写。我怀疑了几个人，吩咐易克去找这几个人的字迹，最后经过比对，终于发现了写这封信函的人。”

“原来你当时是叫易克去做这事啊！”月使笑道。

“是谁写的信？”太丘急迫地问。

“太丘族长又着急了！”壹索说。这句话又使得角落里的人用手遮住嘴巴。

太丘朝壹索瞪了一眼，但没吭声。

“吸血族真是虔诚的信徒啊！”莫元感叹，“魔力神信使一要求他们全力援助萧龙种族，他们毫不犹豫地就同意了，就像是一个忠诚的士兵在接受将军的命令一样。”

“对信仰的虔诚的确会爆发出无穷的力量！”壹索认同，“离开了吸血族，我们就去拜访巫术族和幽灵族。”

“世炎和干已也是虔诚得很，完全就是两只哈巴狗！”月使笑道，

"不过，这一次和魔力神信物的亲密接触造成了一次意外。"她朝角落瞧了一眼，"我们的强魔力者竟然晕倒了！"萝铃用凶狠的目光回应月使嘲笑的目光。

"水晶球和绿眼睛引出的魔力神如何把信物赐予巫术族和幽灵族的记忆片段其实也不重要，重要的是名里先生的记忆片段。"壹索说。

"名里先生的记忆片段在这两个信物里？"成木长老似乎想把声音和神情控制得沉稳一些，但还是透露了一丝内心被波动的情绪出来。

"是的，连我也很震惊。"壹索的目光有点儿诡异地看着成木。

"别再故弄玄虚，快点儿说！"太丘催促。

"名里先生的记忆片段如果是真的，那就说明还有第六个强魔力者。"壹索平淡的声音、平淡的表情。

但这不是一句平淡的话，会议室里的墨夷家族人和太史穗的内心都被大大震动，造成都无法自我抑制的惊愕神情。太丘的眼睛几乎是凸出来的。除了他们，角落里的三个人也被吓了一跳，怀疑自己的耳朵听错了而流露出不相信的神情。

"怎……会还有第六个强魔力者？"成木说第一个字时就因情绪的大波动而喉咙有点堵塞，当第二个字被吐出来后就顺畅了。

"成木长老想知道第六个强魔力者的信息吗？"壹索问。

"这不是废话吗？"太丘气急败坏地说，"这里谁不想知道？整个萧龙星球谁不想知道？"

"我还有点儿想不通的疑问，如果成木长老帮我弄通了，我就能告知第六个强魔力者的信息了。"壹索说，似乎是提出了一个交易。

会议室里所有的目光都投向成木，似乎都在期盼成木答应这个交易。

成木沉默了一会，不知是在平复情绪还是在思考。"你问，我知道一定会回答。"他说。

"名里先生复制墨夷老人的灵魂，必定要五个灵魂，对吗？"壹索毫不犹豫地问，就好像这个问题在他脑子里练习了很多遍。

“是的。”成木简洁回答，毫不添加任何字眼。

“是谁的灵魂？”

“谁的灵魂？”成木似乎不理解这个问题。

“成木长老不应该反问。”壹索说。

“我怎么觉得你好像已经知道答案，却还是要问我。难道是试探我？”成木说。

“名里先生的记忆是含糊的，我并不确定，所以需要长老来帮我确定。”

成木突然闭上眼睛，一副在思考或是在搜寻往年记忆的样子。不到一分钟，他睁开了眼睛。“这五个灵魂是五个种族的创族人。”他缓慢地说。

顿时，众人大吃一惊。不过，还是都留有疑惑，因为那不是一个完整的答案。

“麻烦长老告知是哪五个种族？”壹索逼问。

成木看着壹索，又沉默起来。这时，月使叫了一声“哎哟”后，笑着说：

“壹索先生还真是打破沙锅问到底啊！是哪些人有那么重要吗？”

“是否重要，我想应该由太息族长和太丘族长来判断，我只是进行详细的说明，不敢对两位族长有任何隐瞒。”壹索的情绪完全没有起伏，似乎会谈的节奏都掌控在他手里。

“壹索先生突然对墨夷家族如此尊重，真是令人不敢相信啊！”月使说，但目光却投向太息和太丘，似乎是在提醒这两位族长要对壹索的言语打上个问号。

“难道两位族长不想知道是哪五个人吗？”壹索想要攻破月使的挑拨策略。

太丘一脸疑惑，一副没有主意的样子，但他急切的情绪也很显然，所以应该是很想知道答案。太息很沉静，一副无所谓的样子，但他的目光凝滞在某个地方，似乎是在思考，所以也是想知道答案的。

然而，还没等太息和太丘表态，成木就先表态了，“不是什么不能让人知道的秘密，我不需要隐瞒。这五个人是：龙丘族的龙丘、魔族的轩丘、巫术族的正令、魔药族的彭祖和精灵族的浩赏，都是这五个种族的创族人。”

会议室里，事先不知道答案者，此刻应该在心里回味这个答案，而事先早已知情者，此刻应该是在观察并暗暗揣测着众人的反应，所以氛围应该是安静的。但有一个人是异常的。月使又是叫了一声“哎哟”，似乎是伪装出一副不以为然的神情说：

“我还以为是什么特别的人物呢，原来是他们呀！不过，还真是有意思。四个虔诚的魔力神信徒里掺了一个非信徒。”

太息也笑了。“是有点儿意思！不过，名里先生还是挺厉害的，竟然能找到这五个人，都是萧龙星球赫赫有名的人物啊！”

“名里先生可找不到这么赫赫有名的灵魂，应该是成木长老找的吧？”壹索盯着成木问道。

成木正视壹索并不温和的目光。“嗯，是我找的。”

顿时有人惊叹。“叔叔，你还真是厉害啊！”太丘说。

“名里先生说他需要五个灵魂，最好是五大魔力种族里魔力很强的灵魂，”成木长老继续说，就好像没听见那句惊叹，“可惜我只找到了这五个。不过，名里先生也是很满意。”

“是呀，名里先生需要的是利用五个灵魂来承载墨夷老人的记忆，”壹索说，“让人分不清哪个是真的墨夷老人灵魂，哪个是假的墨夷老人灵魂。”

“那到底哪个才是真的？”太丘问。

“不是还有第六个吗？”太息看着成木。

“这第六个我并不知情。”成木回答。

“是呀，的确是还有第六个，所以一共是六个强魔力者。”壹索说，

"可惜的是，第六个到底是谁，我并不知道。"

"你也不知道？"太丘感到失落而显得不悦。

"说不定真的墨夷老人灵魂就在那第六个强魔力者躯壳里呢！"太史穗分析。其实这也是很多人的猜测。众人几乎都是有所知又有所不知的神情。

"说不定，"壹索说，"所以，墨夷老人的灵魂几乎是找不着了。其实，就算是找到了第六个强魔力者，也还是不知道哪个是真的，哪个是假的。"

"为什么？"太丘问。

好多疑惑的目光投向壹索。

"魔力神的财富之门是这么说的。"壹索说，"萝铃开启财富之门时，你们都在场，不是都听见了吗？"

疑惑的目光完全没有消除。连萝铃自己也完全弄不明白。壹索停顿一会儿，喝了几口水，也许是在休息下喉咙，也许是在等待有人提问。不过，大家都在沉默，期待壹索解析。两种"也许"都已经经过了，壹索才说：

"萝铃被记忆的片段刺激，结果晕倒了。"

这时，月使举起手，说："我插句话，我有个想不通的疑问：魔药族的强魔力者西野也和萝铃一起摸了信物，为什么只有萝铃一个人晕倒，他却没晕倒呢？很有可能萝铃的灵魂就是真的墨夷老人的灵魂，所以才会有这样的反应。"

她提出这种想法令萝铃吓了一跳，立即心跳加速。而很多想要探究的目光都投向角落里。即使是萝铃身旁的纪伦和金格也是用这样的目光看着她。

"因为萝铃比他接触的信物多，到了最后一次就承受不住了，所以晕倒。"壹索看着月使，"明白了吗？"

"就这么简单？"月使一副质疑的样子。

"我认为就这么简单。如果你觉得不是这么简单，那你说说你的理解。"

月使像个呆子一样愣了一下。“我……我要是知道还问你！”她说。

“这就是我的答案——很简单。”

月使无奈地垂下眼睛。

就在月使向壹索提出问题时，纪伦和金格都有用目光向萝铃提问。萝铃一脸茫然地朝他们俩摇摇头，表示她自己也不明白自己为什么会晕倒。

“其实就是这么简单！”太丘不悦地说，“月使，你净问些傻问题。别插嘴了，让他继续。继续，继续！”

被责备的月使无可奈何地一笑，而萝铃心跳平稳了，松了口气。

“在萝铃晕倒期间，我和利夏去了解了一些情况，解开了一些困惑。”壹索说，“不过，过程就不必说了，最重要的是结果。太丘族长，别着急，知道了结果你就会很满意了。”他似乎是担心太丘提出要求，于是先声明，“我甚至又伪装魔力神信使重返巫术族再了解了一下水晶球。”

这时，太丘微张口欲言，但很快就闭嘴了。他似乎是担心一开口又被壹索拒绝而显得难堪。这有点儿滑稽的举止使得萝铃、纪伦和金格不得不紧咬着嘴巴控制笑意。

“现在到了最后，也是最关键的一幕。”壹索就像是在预告，“就是财富之门。萝铃被灵魂的前世记忆刺激后，知道了墨夷老人的财富之门的所在地。大家都知道了，就是巨人山的十里湖。”

“这个湖一直被人觉得诡异，因为它的面积刚好就是十里，竟没有多一寸，也没有少一寸，准确得就好像是人工造就。”莫元再次忍不住发表一下见解，“现在知道它就是财富之门，也就不用怀疑是不是人工造就的了，也许就是墨夷老人为了藏宝而造出来的人工湖。”

太息和太丘纷纷首肯。

“萝铃凭着灵魂的记忆开启财富之门，”壹索接着说，“根本不知道后面一直有人跟着她。虽然不知道长老和两位族长是如何发现她的行踪，但也不奇怪，毕竟她被监视不是一天两天的事了。”

太丘立即阴郁起来。太息和月使笑眯眯的。成木不动声色。萝铃则朝这些对她不怀好意的人投射出怨恨的目光。

“既然长老和两位族长都看到了她开启财富之门的过程，那么也应该听到了墨夷老人说的话，”壹索说，“又怎会不理解为什么难以查证出真假灵魂呢？”

太息和太丘都是一副完全不懂壹索的话的意思的样子。太史穗紧皱着眉头。即使是成木也流露出一点儿纳罕。而月使直接提出不解：

“壹索先生，你就别卖关子了，也没时间给你卖关子。直接解说吧。”

萝铃、纪伦和金格纷纷上身微微前倾，十分期待即将震撼人心的答案。

“我觉得，墨夷老人的话并不是令你们感到震惊的，最让你们震惊的绝对是‘真相’！”壹索似乎没听到月使有点儿指责意味的话，还是在卖关子。

“什么真相？”太丘不耐烦地问，“有什么比墨夷老人灵魂的真相更为震惊？”

“太丘族长，如果你听到了我从这趟旅程当中揭露出来的真相，再了解了墨夷老人灵魂的真相其实没多大价值后，你就会十分震惊了。”

这实在是太挑拨人心了！好奇的气息把整个会议室堵得一点儿缝隙也没有了！

“既然你这么说，那就先说你揭露出来的真相吧。”太丘说。

成木正用一种审视的目光看着壹索。壹索则以锐利得要穿透心灵的目光回应成木。

“我想，成木长老也一定会很感兴趣和震惊的！”壹索竟然微微一笑。

第二十三章
假设性真相

此刻，太多人在盼望壹索继续解析下去，似乎在一场弓箭比赛中，弓箭手即将射出最后一支决定胜负的箭，气氛紧张到了极点。这马上就要达到沸点的关键时刻，如果有人破坏是一定会犯众怒的。但，有一种破坏在生活中是很有可能发生的，既愤怒又无奈的现象。

会议室的门毫无预兆地被一股力量从外面推开了。顿时，好多愤怒的目光投向那股不合时宜的力量。可是，当看到那股力量的施展者——格木——带着一张惊慌的脸时，愤怒的目光不太乐意地出现了一些无奈。

"见鬼了！"太丘生气地骂了一句。

格木就像是没感觉到他引起的极端情绪，疾步迎着莫明疑惑的目光走去。靠近那目光后，他声音不高地说：

"刚收到消息，巫术族和幽灵族今天很有可能发动推翻萧龙种族的战争。"

萧龙种族人和魔族人都一起流露出震惊的神情。

“今天？”行弋急切地问。

“有可能。”格木回答。

墨夷家族人不耐烦了。“‘有可能’的意思就是不一定会发生啰？”太丘面色不太好看地说。

“太丘族长，宁可信其有，不可信其无啊！”利夏正色道。

“会谈到了十分紧要的时刻，绝对不能停止！”太丘命令的口气。

这个命令虽然十分强有力，但萧龙种族和魔族不仅没有任何回应，甚至连一个眼神也没给命令者。莫明严肃地询问格木消息是否可靠，格木回答和提供巫术族和幽灵族在哈德逊之家进行会谈的消息是同一个渠道，所以可靠性很强。利夏提议今天的会谈先暂停，待可能的危机解除后再继续。这一提议立即遭到了太丘的强烈抗议，表示只有战争真正起来了才能中止今天的会谈。莫明思考了约一分钟，最后决定，由莫元带领的长老院成立临时危机应对小组，如出现紧急状况及时汇报，而会谈继续。于是，莫元和格木急匆匆地离开了会议室。

“好了，别浪费时间了。壹索，赶紧说那个什么了不起的真相。”太丘吩咐。

“太丘族长一点儿也不担心战争？”壹索的这句话更应该解读为疑问句。

“如果是异世界发动的战争我倒是会担心，但巫术族和幽灵族嘛，昨天在巨人山才被我们打得落花流水，不会再敢造反了。别再说些没用的，赶快揭露真相吧。”太丘再催促。

“我已经说了一大堆，所以长老和两位族长也应该了解基本上墨夷老人的记忆我已经掌握大半。所以，没什么可欺骗得了我了。”壹索说，朝墨夷家族人露出的目光似乎是想要一种震慑的效果。

光靠目光是不会对墨夷家族人产生震慑作用的，除非加上很有力量的言语，而壹索刚刚那句话的内容可没有太大的力量。月使甚至笑着说壹索先生怎么突然说起了孩子气的话。可壹索不在乎这种嘲笑，反而是一副胸有成竹的样子。

“我从不信预言术，”壹索说，“正确地说，我从不信人类的预言术。巫术族是人类，不可能拥有预言的能力。”

“巫术族当然不是天生就拥有，而是魔力神赐予的魔法技能。”月使解释。

“这么说，月使小姐也会这种魔法技能。”

这句话让月使毫无准备，愣了一下。“不，我不会。”她回答，“我还要加倍修行啊！”

“成木长老和两位族长毋庸置疑是一定会预言术。”壹索又是肯定的语气。

这话一出，成木还很沉稳，太息不解，太丘皱眉。

“你怎么还说些没用的，是在戏弄我们吗？”太丘生气得很。

“我这不是在揭露真相吗？我想，节奏放慢些，一点点地揭开，大家也许会更了解，也会更加容易接受。如果我突然就揭露：是太丘族长把信息透露给了巫术族和幽灵族，这不是太令人震撼和难以接受吗？”

末了这句话是假设性的疑问句吗？但似乎没人这样理解，而是都当成了陈述句，顿时惊心夺目。而被利用来进行假设的主角——太丘——震惊之余是半信半疑的神情。

“你什么意思？”他问。

“我的意思是，如果这个世界上存在魔法预言术，那么成木长老、太息族长和太丘族长作为魔法创始人的后裔，一定会这种如神术一样的魔法喽。”

“壹索，我们承认，我们三个都不会。”成木长老郑重的神情，“但你又有什么根据证明是太丘族长把信息透露给了巫术族呢？”

“我早说过，我已经了解墨夷老人的大半记忆。根本没有什么预言术！”壹索锐利的目光盯着墨夷家族人，“我不肯定所有的墨夷家族人都知道这个秘密，但，你们三个或是你们三个其中有人知道这个秘密。”

"如果没有预言术，巫术族是如何预言的，而且好多预言都是准确的？"月使不以为然地笑道。

"巫术族那些准确的预言都是墨夷老人的水晶球显示出来的，而墨夷老人的水晶球不是一个单纯的水晶球，而是一个伪水晶球。就像巫术族的哈德逊之家一样，墨夷老人的水晶球是用特殊的材质制作而成，里面隐藏有可以接收信息的某种接收机关。具体是什么材质、什么样的接收机关，我就不知道了，因为我不可能把这个水晶球给砸了。"

"你要是砸了，巫术族非跟你拼命不可！"月使说，但笑不出来了。

这个秘密的揭露对于会议室里的两个男孩和两个女孩来说是很惊奇的得知，而对墨夷家族人来说并不惊奇，但却是有点儿诧异——诧异自己隐藏了多年的秘密被发现了。同时，他们回避着莫明、利夏和行弋质问的目光，显然是心虚的表现。

"这几年，巫术族一直在发布一些隐藏得很深的秘密，并不是他们具有神通广大的预言能力，而是墨夷家族在泄露信息。"壹索补充道。

"没错，魔力神的水晶球显现出来的所谓预言都是墨夷家族发送出去的。"成木长老承认，"但，你可没有证据证明巫术族得知的关于萧龙种族、关于强魔力者的秘密一定就是墨夷家族利用水晶球来泄露的。也许是巫术族通过其他渠道得知，却谎称是魔力神的水晶球显现的预言，毕竟大多萧龙星球的人都相信巫术族的预言术，巫术族觉得如此较能得到萧龙星球人的信服。据说海底交易市场就有一个先知，说不定是他透露的。"成木长老带着一种不容置疑的神情进行辩解。

"绝对不是海底交易市场的先知透露出去的！"壹索肯定地说，"不过，成木长老这番话令我有点儿敬佩。其实，我几乎可以肯定，这件事绝对与成木长老无关，但成木长老已经知道是与谁有关。不过，成木长老为其辩护，实在是令人感动啊！毕竟是一条船上的人，船翻了对谁都没好处！"

壹索这段话一出，会议室里质疑的目光立即把成木排除在外，只集中在太息、太丘和月使三个人身上。

“好了，这个毫无意义的真相就当做没揭露过。”太丘悻悻然道，“你还有什么要揭露的真相吗？”

“太丘族长怎么会认为是毫无意义呢？”莫明十分不悦，“如果巫术族和幽灵族一直在散布的危害到萧龙星球团结的预言是墨夷家族造成的，墨夷家族不觉得实在太对不起一直诚心为墨夷家族服务的萧龙种族，太对不起一直虔诚信仰魔力神的萧龙星球人吗？现在萧龙星球一片混乱，战争一触即发，难道墨夷家族没有一丁点儿愧意吗？”

“莫明，别生气，不是没有任何证据证明是我们造成的吗？”太息带着笑容劝说，“你想想，墨夷家族这样做对自己有什么好处呢？让萧龙星球混乱起来对墨夷家族只会是一种威胁。这件事我们可以以后再继续调查，今天就暂且不去深入探讨了。”

莫明没有再言语，而是示意壹索继续。壹索一直冷眼观察墨夷家族人的反应，得到莫明的示意后，就收起了观察的目光。

“刚刚实在是不好意思，让太丘族长当了一回假设理论的主角，为了平息太丘族长的怒气，这一次就请太息族长充当一会儿我另一个假设理论的主角。”壹索看着太息。

太息先是一愣，很快就笑了，“好吧，我无所谓，我可没大哥那么爱发脾气。”

这种无所谓的态度里面太显然地含着贬低人的意味，使得太丘十分不满地朝他瞪出十分凶狠的目光。

“成木长老叫我们去调查魔力起源研究会，”壹索说，“因为这个存在了太漫长的历史的非法组织之前没有什么有影响的行动，但最近几年却像是换了主子似的，活动频繁又很具有影响力。在成木长老的引导下，我们在茉莉花岛魔力神山中发现了一个魔力起源研究会的分会。”

“什么？”太丘惊呼，“怎么可能？”他质疑，“这些鬼东西怎么可能会在茉莉花岛里设分会？他们根本没这本事——茉莉花岛戒备森严，再加上有结界，一根毛发也没法从外岛飞进来。”

“所以，我就要假设了……”壹索瞬间露出一丝诡异的笑容。

“难道你是要假设是太息族长把魔力起源研究会的人带进了茉莉花岛？”月使再次不以为然地笑道。

“没办法，在这个会议室里，除了成木长老和两位族长，我们这些人可没有那么大的本事来做出这些惊天动地的事，用我们来假设一点儿说服力也没有，只能暂时委屈一下成木长老和两位族长了。请谅解！”利夏诚恳地说。

“没关系，就假设吧。”成木长老无所谓的态度。太息耸耸肩，似乎也不在意。太丘更加不会在意，因为他在没经过他同意的情况下已经被假设过了。

“我们刚进入魔力神山的山洞里时，就感觉到有人在前方打斗，在不知道打斗的是何人时，马克斯·福斯特说出一句让我很有启发的话。他说：‘前面打斗的人当中有个人是奥斯比·福斯特。’经我一问，他才说其实墨夷家族人传授给各个种族、家族的魔法都留有一定的标志来辨别，他从魔光辨别出了福斯特家族的魔法，从而认定那个人是奥斯比·福斯特。在用计进入魔力起源研究会后，坐在高台上的分会长官揭穿了我们的伪装，并且还认定我是魔族人，这时，我就肯定这个长官是墨夷家族人。因为他从我发射的魔光中辨别出我施展的是魔族的魔法，从而知道我是魔族人。既然缩小了范围，那么我就可轻而易举地猜测出这个长官就是我曾见过一面的日暮。”

“日暮？”太丘和月使都是难以置信的神情。

太息的面容有了一点儿阴郁的气息。成木很沉静地看着壹索。

“我不觉得日暮有那么大的能耐在茉莉花岛上设立一个魔力起源研究会的会所，所以便假设太息族长才是幕后主谋。毕竟要让茉莉花岛牢固的结界在不固定的位置和不固定的时间里出现裂口不是像太息族长这样具有高深魔法的人是做不到的。”

虽然壹索一直声明是一种假设，但太丘却当成了一种事实性的揭露，朝自己的兄弟投射出了充满敌意和恨意的目光。一个深知“一条船上的人，船翻了对谁都没有好处”这个道理的人立即制止太丘这种愤恨。

“太丘族长，这只是一种假设。”成木的声音很沉稳，“天外有天，人外有人，说不定是异世界人所为。你也知道的，前段时间脸谱人才突破我们的结界偷偷潜入了魔力神殿。”

“可是，壹索说那个人是日暮。”太丘不接受成木的解释。

“壹索只是猜测。一个再敏锐的人也会有出差错的时候。他并没有看到那个人的真面目，我们只能参考他的假设理论，不能借此来下定论。”

“好吧，我暂且搁置这个假设理论，过后再深究。”太丘绷着脸说，“还有吗，魔族小子？你的下一个假设理论？”

“在对下一个假设进行说明前，我想对刚才那个假设进行一点儿补充。”壹索说。

“什么补充？”太息问，十分不悦。

“当然还是假设性的补充，即我们可以假设是魔力起源研究会向异世界人透露了茉莉花岛结界的裂口，所以异世界人才能轻而易举、悄无声息地潜入魔力神殿。在龙丘族的森林里审讯脸谱人的时候，月使当时也在场，脸谱人供出魔力起源研究会和他们有合作。”

立即，太丘朝月使投射出很有威力的质问目光。月使连忙望向成木，似乎是在求助。结果是成木代为回应质问：

“是的，脸谱人这么说过，但不排除他们在说谎，试图挑拨萧龙星球内部的团结。而且，异世界人能突破结界的可能性依然存在。”

太丘半信半疑地把目光移开。太息则是暗地里松了口气。成木继续沉静地看着壹索。

“接下来的假设就是我了，是吧？”成木问。

“仅剩下长老一个，只能您当主角了。”壹索突然又微微一笑。

月使一看后，立即“哎哟”叫了一声，“从未见过壹索先生的笑，没想到一笑是这样令人惊心动魄啊！”

“接下来我想假设的是成木长老更改了墨夷老人的记忆。”壹索继续用平淡的声音说。

太息和太丘立即露出了疑惑又好奇的目光。

“更改墨夷老人的记忆？”月使就好像听到一个笑话一样笑得特别灿烂，“壹索先生，这种假设未免也太大胆了吧？”

“如果之前那些假设不算大胆，可以被你们接受，那么这个假设也一样可以接受。”壹索回应，“当然，如果长老和两位觉得太大胆，不能接受，我就不用再继续说下去了。”这似乎是一种挑衅意味和挑拨意味混合在一起的攻击手段。

坐在角落里的萝铃、纪伦和金格当然也听出来了这两种意味，可是他们实在太担心墨夷家族人突然翻脸拒绝，所以都是紧张兮兮地期待着。

“只是假设，我想叔叔是能接受的。”太丘先表态。角落里的三个人松懈了一点儿气。

“我也是觉得叔叔能接受。不管是什么样的假设，我完全不会真当成一回事。”太息笑着表态。角落里的三个人又松懈了一点儿气。

“说吧，我不介意。”成木淡然道。顿时，角落里的三个人完全松了口气。

“名里先生拜托成木长老寻找来五个灵魂复制了墨夷老人的灵魂记忆，”壹索直接进入正题，而且完全不是假设性的语气，“并将这五个已经有了墨夷老人灵魂记忆的灵魂封存在五个蓝色魔力石中，要分送给五个种族。即使是协助名里先生实施这个计划的成木长老也不清楚到底这五个灵魂里哪个拥有真的墨夷老人的灵魂，哪个拥有假的墨夷老人的灵魂。名里先生这么做是为了让墨夷家族永远也不会再为一个灵魂争斗不休。遗憾的是，即使没有这个灵魂，墨夷家族也一样争斗不休，因为墨夷家族争的不是一个灵魂，而是权力、财富和灵魂所保存的墨夷老人高深魔法技能和也许存在的财富之门。当然，也许成木长老和太息族长、太丘族长根本不在乎权力、财富和魔法，只是想把四分五裂的墨夷家族团结起来。也许是这样，成木长老才这样做的……"

"到底是什么？"太丘急不可耐。

"成木长老在协助名里先生复制墨夷老人的灵魂记忆时把一个不属于墨夷老人灵魂记忆的记忆放了进去。这个行为名里先生是否认可就不得而知了！"壹索感叹。

"这……这……有这样的事？"太丘诧异而结巴。

太息怀疑的目光望向成木。成木虽然神情沉静，但盯着壹索的目光有一种探究意味，似乎是在说："你到底知道多少？"或者是在说："你根本只是在假设，完全不是真的。"

"壹索先生，虽然是假设，但你怎么说得像是真的一样。"月使说，"这种事就算是真的，你是不可能会得知的。"

"月使小姐真健忘！"壹索诡异地一笑，"首先，我声明过，墨夷老人和名里先生，或者这样说吧，墨夷老人灵魂所有躯壳的记忆我几乎都知道了。其次，在奇波洛城堡我就问过你一个问题，即奥斯比•福斯特的妻子莉丽是因为七百年前袭击贝娜族长而被囚禁，这绝对是真实的历史，而另一个历史就是，贝娜族长应该是一百年前去世的一个十一岁的小女孩，这如果被认定为真实的历史，那么，这世上就存在两个贝娜族长喽。"

壹索这番话一说出来，立即有人恍然大悟，也有人百思不得其解。恍然大悟的是萝铃、纪伦和金格。百思不得其解的是太息和太丘。

"壹索，的确是有两个贝娜，"太丘说，"不过不都是族长。七百年前的贝娜是成木长老的女儿，在与月使——也就是现在的月使的祖母——去奇文镇时曾被莉丽袭击过，而一百年前的贝娜是继名里先生之后因为拥有墨夷老人的灵魂，而顺理成章地成为了墨夷家族族长，遗憾的是由于受不了压力自杀了。"

“那可就奇怪了！”壹索说。

“奇怪什么？”太息问。

“如果说七百年前的贝娜是成木长老的女儿，并不是墨夷老人转世的话，为什么墨夷老人灵魂的记忆里会有这位贝娜的记忆呢？”

会议室里又出现了一阵强有力的冲击波！

“难道叔叔您真的将您女儿的记忆放进了墨夷老人的灵魂里？”太息问。

“这又是为了什么呢？”太丘也问。

成木长老表面看依然不受波动。“那就得听壹索的分析了。”他淡然道。

“我研究了龙丘古书，发现五千多年前的萧非并不是自杀而死的，”壹索盯着成木沉静的面孔，“而是被杀的。成木长老虽然在制造萧非的虚假灵魂时刻意地误导这个虚假灵魂认为自己是自杀的，但没有想到这世上有一部龙丘古书。战斗英雄龙丘在得知萧非竟然制作魔药来危害那些帮她打下江山的士兵时十分愤怒，视她为恶魔，欲置之死地而后快。再加上他最敬仰的龙族族长龙瑀以身试毒，想要证明萧非的清白而被魔药毒害后，他更加想要萧非偿命赎罪。可惜龙丘是个没有魔力的龙族人，根本伤不了萧非毫发。但有人可以。这个人也是墨夷家族人，也只有墨夷家族人才能对抗墨夷家族人。墨夷老人虽是魔法创始人，虽然创造了一个魔法的信仰，但毕竟是一个人类创造出来的并不完美的信仰。有虔诚的信徒，也会有异见者。墨夷老人是个独裁者，多疑，自负，自然会使得跟随他的信徒里有些人出现一些不满。再加上他在自己的灵魂施展辨识魔法更是引起墨夷家族很多人的愤怒情绪。不过，我觉得真正能威胁到这强大的灵魂的只能是他身边的人，也就是墨夷家族的王族，也就是墨夷老人的兄弟姐妹，或是他的子女。我不了解墨夷家族的内部关系，但我想经我稍微点拨后，成木长老、太息族长和太丘族长应该可以了解墨夷家族的内部都出了些什么状况。我只知道，有一个墨夷家族王族人主动找

到了龙丘，愿意无偿地帮助龙丘杀死萧非。这个墨夷家族王族人给龙丘一粒魔药，指导龙丘把这魔药放进萧非的饮用水里。龙丘是个没有魔力的人，再加上是战斗英雄，是个正直的人，萧非不可能对他警戒。萧非喝了有魔药的水后，魔力无法运用，于是，这个墨夷家族王族人就可轻而易举地杀了萧非。”

“这个墨夷家族王族人到底是谁？”太丘问。

“太丘族长，五千年前的人是很难查证的。不过，如果太丘族长愿意让我深入了解墨夷家族，那么我一定能帮太丘族长查出这个人是谁。”壹索说。

“壹索，你这主意打得可真好！”太息笑道，“五千年前的事过去了就过去了，无须再追究，现在的事才是应该关注的。”

“萧非死后，墨夷家族大混乱，期间发生了什么事，正如太息族长所言，过去了就过去了。直到名里先生出世了，墨夷家族才有所改变。名里先生是仁厚之人，试图缓解并彻底解除墨夷家族内部的纷争，但徒然，他伤心地离开了茉莉花岛。就是这个时候，成木长老意识到，无论族人如何争斗，其实每个人对墨夷老人还是有一定的信仰和敬畏的。名里先生当上族长就是一个可以证实墨夷家族人对墨夷老人灵魂有所眷恋的例子，也或许是每一方都想要利用墨夷老人灵魂的威力来对抗和压制另一方。于是，在名里先生去世后，成木长老把贝娜推到权力的舞台上，将其当做自己争夺权力的棋子。他对族人说，贝娜就是墨夷老人、名里先生转世。成木长老是名里先生的亲弟弟，可想而知，仁厚的、对人毫无戒心的名里先生很有可能对成木长老说起过墨夷老人的一些记忆。所以，成木长老利用他从名里先生那得知的记忆来欺骗族人，让族人深信贝娜就是墨夷老人、名里先生转世。遗憾的是，年仅十一岁的贝娜是不可能承受得了一个争权夺利的舞台施加的可怕压力的，所以就以自我了断的方式来结束这种可怕的压力。从贝娜这个举动也可以证实她并不是墨夷老人的灵魂。因为，墨夷老人的灵魂是个坚强、自负、自傲的灵魂，是个有野心、欲望和抱负的灵魂，是不可能会产生自杀的念头的。要知道，一个强大到完全可以不可一世的灵魂是不可能抵抗不了权力舞台上的压力。自杀对于墨夷老人的灵魂而言是毫无意义的可鄙行为。”

壹索突然停顿，看着四位墨夷家族人，似乎在腾出一些时间给他们爆发。因为太息和太丘脸上已经满布乌云了。

“叔叔，您竟然如此欺骗族人？”太丘愤怒地谴责，“实在是太过分了！”

“叔叔，我和大哥一直都很尊敬您，您怎能做出如此恶劣的行为呢！”太息也责备。

“你们两个生什么气？”成木还是一副很镇定的样子，“那时候你们两个还没当上族长呢！没错，我当时是把贝娜推出来当族长，但也是为了平息纷争。墨夷家族的纷争不息，继续下去只会毁了这个家族。贝娜自杀后，我不是全力推选你们两个当上了族长吗？你们还有什么不满的！”

太丘和太息不言语，但面上的不满之色没有消失。这时，成木长老在压制住太息和太丘后，朝壹索投去十分锐利的目光，就好像一种挑战和攻击。但壹索毫不畏惧，直视的目光坦然应对。

“如果成木长老当年是为了平息墨夷家族的纷争，那么十几年前将贝娜的记忆混进墨夷老人灵魂的记忆里意欲何为呢？”壹索质问，“也许，成木长老以为莉丽的灵魂已经被囚禁在茉莉花岛里，奥斯比·福斯特被钉在萧龙学园飞鸟楼禁区的墙上，再也没人能了解七百年前那段记忆，所以也就没人能觉察你在墨夷老人灵魂的记忆里做了手脚。如果不是墨夷家族有人写信指导波利长老救出奥斯比·福斯特和莉丽，我永远也觉察不出墨夷老人灵魂的记忆是有问题的。一百年前自杀的贝娜族长是您七百年前的女儿转世，而现在这个晓晓也是您女儿的转世。对吧，成木长老？你现在把晓晓带进茉莉花岛，要培养她当墨夷家族族长。看来，成木长老准备故技重演啊！”

“你要让那个小女孩当族长？”太丘顿时发作。

成木皱眉。“我什么时候说要让她当族长？”他的声调终于提高了，似乎维持不住镇定的情绪了，“我只是希望我女儿的灵魂能够留在我身边。现在的族长是你们两兄弟，就算我要让我的女儿当族长，也是等你们两个去世以后吧。而且，我可不一定看重族长之位，我推选我的女儿接任我的职位，难道你们不支持吗？”

太丘再次无言以对，但脸上还是流露着十分不满的情绪。

“壹索先生，你还真是会挑拨离间啊！”月使笑着说。

“壹索只是向长老和两位族长汇报他的调查结果而已。”莫明说，“而且都是以假设作为前提。如果，这些都不是假设，而是真的，那么墨夷家族就必须对萧龙星球目前的混乱负全部责任，而不是一味指责萧龙种族的管理决策能力。”

这时，太息突然哈哈大笑起来，“壹索真是热衷于阴谋论啊！虽然是假设的，但还是令人心中不快。这样吧，墨夷家族内部的事墨夷家族会解决。壹索，你既然已经知道了墨夷老人的大半记忆，那就解开名里先生的秘方和如何辨别墨夷老人灵魂的真假吧。其实，这些才是我们三人最感兴趣的，而不是你假设的阴谋论。”

壹索又是令人感到十分诧异的微微一笑。“其实，名里先生的秘方是毫无价值的，而墨夷老人灵魂的真假也是毫无意义的。”他说。

“是否有价值和是否有意义由我们来判断，你只管说明就行。”太丘严厉地说。

“你一直在下结论，其实轮不到你来下结论，你提供信息，墨夷家族会自己下结论。”太息说。

而成木长老正以审查性的异样目光打量着壹索。

“虽然墨夷老人灵魂的记忆还没有完全串联起来，”壹索说，“但从墨夷老人赐予吸血族魔法书时说过的话，以及从萝铃开启财富之门时墨夷老人说过的话，可以判断，秘方是不存在的。”

“秘方是不存在的？”太丘和太息异口同声。

“对我来说是不存在的，对其他人来说也许存在，也许不存在。”壹索故弄玄虚般地说。

“好了，说人话，别说鬼话！”太丘几乎是在大喊。

“太丘族长，我只会说人话，不知鬼话如何说。”壹索淡然回应。

顿时，萝铃、纪伦和金格克制不住地轻声笑起来。顿时，太丘感觉受到了羞辱而怒不可遏——他用力一拍桌子，站起来。

“放肆！”他厉声斥责。

草明、利夏和行飞立即朝[illegible]瞪眼，表示谴责。而壹索不以为然地直盯着太丘气冲冲的脸庞。太史穗阴冷地笑着。月使和太息都是笑眯眯的，似乎是一种看戏的心态。而成木是平淡的表情，并制止太丘继续发火：

“太丘，你何必跟几个孩子计较。坐下，你是一族之长，别动不动就发火。”

成木的两句不同含义的话不知是哪一句奏效了，太丘依然带着怒色，但坐回了座位上。

紧接着，成木对壹索说：“壹索，你就简明扼要地说吧。在这儿已经耗了不少时间，我也有点儿坐不住了。”

“名里先生在拜访了各魔力种族后，觉得抑制魔力的秘方是不存在的。”壹索淡然说，就好像刚才并未出现令人胆战心惊的插曲，“墨夷老人在赐予吸血族魔法书时，以及在开启财富之门时，都在表达同一个理论：‘相信有，就会有；相信可以，就会可以。人人都是强魔力者，只要虔诚地信仰魔法。’它们其实都在表明，魔力是否可以抑制是人是否相信自己可以抑制，魔力是否强大是人是否相信自己强大，并没有任何外来的帮助。其实，墨夷老人就是因为相信自己能有魔法让冰冷的木柴着火来取暖，才发射出了魔光，所以才创造出了魔法。一直以来，他都在利用人类这种因虔诚的信仰造成的心理作用来驾驭信徒。”

“哼，你的意思是说，只要相信自己是强魔力者就一定是拥有强大的魔力？这是什么谬论！那么简单的话，这世上人人都是强魔力者了！”太丘嗤之以鼻。

“这是我的解读，不强求太丘族长，以及其他人认同。”壹索说。

“看来，你根本就没能找到秘方，也没能找到魔力神的高深魔法——那财富之门最后不是关了吗，根本没人进去。所以，你就编出这么一套可笑的说辞来敷衍我们。”

“我也觉得不是那么简单。”太息说，“不过，我不觉得是壹索编的说辞，可能是他自己没有领悟到真正的含义吧。”

“关于这个，壹索既然已经说出了自己的看法，听的人就各自去理解吧。”成木说，“那么如何辨别魔力神灵魂的真假呢？”

成木末了这句话话音还未落，会议室的门就被打开了。和第一次一样，这一次照样引起了不满。

“你怎么总是在关键时刻出现？”太丘瞪着格木。

和格木一起出现的还有莫元，他们俩都是一脸惊慌之色。

“开始了！”莫元惊呼。

“什么开始了？”太息问。

“巫术族和幽灵族发动战争了！”格木郑重地宣布。

会议室里所有坐着的人都站了起来，一个个都听到了战争的鼓声在震耳欲聋地响起来，感觉到了战争的脚步在撼天震地。

“在哪里？”莫明严肃地问。

“魔力洲和日出洲。”格木回答。

“已经出动警察了吗？”利夏也严肃地问。

“已经出动了。”莫元回答。

“今天就到此为止！”莫明宣布。然后他快步朝门口走去。利夏、行弋、莫元和格木连忙紧跟着。

这时，有人强烈抗议。“什么‘到此为止’？还没结束呢？”太丘叫道。

但急欲离开的人没有一个理会他，还是继续头也不回地往前走。

“太丘族长，”壹索冷漠地说，“墨夷老人的灵魂已经找不出来了，因为五个强魔力者都是真的，也都是假的——既然都拥有灵魂的记忆，就已经无法辨识。更何况还有第六个强魔力者，找到的可能性几乎为零。其实，现在的墨夷家族已经不需要墨夷老人的灵魂来当族长了，不是吗？”末了一句话，他流露出了意味深长的眼神。

“大哥，算了，你没看到战争已经开始了吗？”太息说，“以后有的是时间慢慢去探查，眼下还是先应付这场战争吧。”

太丘没有吭声，而是带着不好看的面色转身朝门口而去。太息微微一笑，也跟着离开了会议室。成木并没有马上离开，而是看着太史穗说：

“你们太史家族去助萧龙种族一臂之力吧！”

“成木长老，您不记得了吗？现在的太史家族只要有人出得起价钱，就一定会提供力量。太史家族现在只为墨夷家族无偿服务！”太史穗露出狡黠的笑，“其实，也不完全是无偿的，墨夷家族也有提供酬劳的。成木长老，我先走了——我得去问问莫明需不需要雇用太史保镖呢。”说完，她朝成木微微弯了下腰。太史穗消失在会议室外。

成木这会儿把目光转向壹索，“你今天真是令我大开眼界、刮目相看啊！萧龙种族有魔族相助，必定不会轻易地被那些魔力种族吞噬。其实，我一直很希望萧龙种族继续充当统治者这个角色下去。”

“当然，迟早有一天晓晓会成为墨夷家族的族长，你很需要萧龙种族支持她和为她服务。”壹索很冷漠。

“希望这不会是萧龙星球的第二次世界大战。”成木顾左右而言他，“这场大战还是得萧龙种族凭自己的力量去对抗，墨夷家族是很难从神坛上下来的。除非……”

“除非战火蔓延到了茉莉花岛边上。”壹索接话，“不过，这几乎是不可能的。因为，魔力种族还是十分虔诚的信徒，不可能会亵渎魔力神。萧龙种族被推翻了也没关系，任何魔力种族上台，墨夷家族还是能操控的。除非是异世界入侵，墨夷家族才有可能有所改变。”

“异世界已经入侵了……不过……”

“不过还没到火烧眉毛的时候。”

“壹索，记住我说的话，相信我说的话……”成木意味深长地说。

壹索盯着他，似乎是在等待。

“我希望萧龙星球没有战争，因为我不愿意回到异世界。帮助萧龙种族强大起来吧，将会有更多的战争需要对抗。巫术族和幽灵族之后，也许就是异世界了。”

成木转身准备离去。

“晓晓怎么样了？”萝铃从角落里跑出来问。

“她已经走了一条和你不一样的路。”成木头也不回地说，“她和之前不一样，现在更坚强。”

会议室里只剩下萝铃、壹索、纪伦和金格。

“我有些不是很明白。”萝铃说。

“我也是。”壹索回应。

“你刚才说得头头是道。”金格说。

“因为我相信我说的是真的。”壹索回应。

“真的有第六个强魔力者吗？”纪伦问。

“真的有。”萝铃代替壹索回答，“相信有，就会有。”

“真的不知道哪个是墨夷老人的灵魂了吗？”金格问，“我还希望我就是真的呢！”

“你相信你是，你就是。”壹索瞪着他。

“你别用这种目光来说这种话，很不协调。”金格畏缩了一下后说。

“其实这些真相什么的，一点儿也不重要，重要的是未来，是吧？”萝铃说。

“是的。”壹索饱含深意的目光投向她，“不要纠结你的灵魂对你说的话，把过去抛开，展望未来。你自己应该可以辨别什么是真的，什么是假的，什么是好的，什么是坏的。你们都已经长大了，经历了许多，”他扫视三个孩子，“应该可以战斗了。”

“唉，花了那么多时间和精力来寻找什么秘方啊、灵魂记忆啊、财富之门啊，结果到头来还是没有什么改变。”金格叹道。

“谁说没有改变？”壹索露出了深沉的目光，“萧龙种族很快就要改变命运，因为墨夷家族已经有裂口了。”

“裂口？”萝铃、纪伦和金格异口同声。

壹索用温和的目光看着他们三人，“多少漫长的岁月消逝，人类才能看到天空中除了雷电以外的火？人类为了学会有关火的最简单的使用方法，需要多少偶然事件？人类曾经眼睁睁地看着火熄灭了多少次，才学会了生火的技术。萧龙星球想要脱离墨夷家族操控，可是存在着巨大的鸿沟，仅凭一己之力是跨越不了如此大的距离。经过了五千多年的漫长岁月，借助于好人的帮助和强烈愿望的刺激，今天，萧龙星球终于可以跨越鸿沟，学会了真正的魔法——摆脱墨夷家族的魔法。”

萝铃、纪伦和金格有所领悟，又有所疑惑，纷纷点了一下头。

他们可以用想象来填补各种空白！他们可以像阐释神的圣谕一样对假设性的真相进行解释，把一切不理解一概归咎于自己对人类的奥秘还缺乏认识！

（下册完）

跋

结局，亦是开始

□陈柳环

学生时代，我觉得时间是漫长的，离开了校园，我再未感觉到人生的缓慢，从而认定生命是短暂的。三年，非常的短，我连续创作了四本书，实现了从我八岁（也许是九岁）就树立的一个梦想——用文字来诉说内心构筑的世界。

记忆里，我阅读的第一本书——《一千零一夜》——是十分精彩、神秘的幻想文学作品，不仅让我领略到想象中的世界的诡异“真实感”，也让我倾心于文字的神奇力量，以及着迷于事物的复杂和变幻。《萝铃的魔力》是我创作的第一本书，是幻想文学。在此，我一丁点儿也不想谈论我是否想借这本书宣扬什么大道理，或释放什么小情绪，只想说，阅读是一件有趣的事，而想要发现这种“有趣”，需要一本有趣的书来启发。“为什么要写《萝铃的魔力》这本书？”也许是因为我看的第一本书是一本幻想文学作品。这是我有趣的经历。也许我内心深处希望复制这个“有趣的经历”。

对于我的创作，我有一个愿望，那就是一定要创作四部作品。第一部的主题是种族，思考人类感官如何自我的反应；第二部的主题是情感，抒发自己付出的以及别人给予的感情；第三部的主题是信仰，探讨都是信徒的人类因为相信而充满力量；第四部是碰撞出来的，是种族、情感、信仰和人性碰撞时，我们更愿意显露出怎样的本性。这四部作品绝对是可续的，因为我还从未碰上过一部不自我存在的作品，虽然我希望自己不是自我的创作，但我知道我永远也避免不了自我。

当我创作第一部作品时，我竟然不由自主地将种族、情感、信仰和人性碰撞在一起，我没法将它们分开来，因为我不再是一个单纯的男孩，而是一个复杂的成年人。《萝铃的魔力》不是精心构思出来的，是碰撞出来的。在创作初始，作者脑海里构思着一个世界，当陷入这个世界里，发现世界不是自己心中的理想世界。我觉得我是在接受，而不是在创造。我一直在接受身处的世界给我的，然后再说出来。

为什么是这四个主题？为什么不能将它们分开来？自从我走上创作这条路后，我发现我的真正创作愿望是诉说和倾听。种族、情感、信仰和人性给我的生活带来了巨大的冲击，磨炼出了现在的我。我需要诉说我的感觉，也非常需要有人用心倾听。

当《萝铃的魔力》完结时，看起来我的创作愿望达成了！事实上并不是这样，我早已预料到那些主题是可续的，我永远也书写不完，一直都在思考、抒发、探讨和碰撞着。我想告诉那些询问结局的读者：《萝铃的魔力》是可续的！也许由我继续，也许由读者继续……

如果由我继续，我有怎样的计划呢？我知道有一些真正喜欢我这套幻想小说的读者很想知道“计划”。其实，我不能确切、清晰地说明。正如我刚开始创作时，慢慢地偏离了自己最初计划好的路。不过，我很乐意将目前我最初的计划公诸于众。

完全可以确定的是，我会继续发挥我的想象力和语言能力来更深入地描绘这个想象出来的世界。就像在种植一棵树一样，用心灌溉，使其枝繁叶茂。萝铃、晓晓、纪伦、大冬、金格、壹索、利夏、莫明……这些萝迷们耳熟能详的人物在随着岁月的累积而慢慢成长，必然会出现更多的精彩故事，并且由这些人物带领着读者去领略更精彩的天地，以及认识更多有魅力的名字。既然我将《萝铃的魔力》当成一棵树，那么就会希望延伸出许多分枝。我在构思衍生系列，例如：地球的研究机构、异世界、主要人物的未来……除了许多读者来信希望我继续灌溉外，我也深陷这个美妙的外星世界里，也非常希望更多地诉说我心中的宇宙。什么时候是尽头？宇宙没有尽头，只能是人心的尽头……

最后，我想抒发一下内心的感动。有人说我运气好，第一本书不仅顺利出版，而且还得到了不少读者的认可。然而，我并不相信运气，相信缘分。我从不觉得文学创作是有标准的，而是觉得是否得到某种共鸣。就如我觉得我和《一千零一夜》这本书有缘一样，我相信我的作品和我的出版方、读者是有缘的。我的文字在无垠的大海中飘荡，被“想要”的目光捕获了！我非常感谢为《萝铃的魔力》付出了心力和时间的编辑，非常感谢萝迷们充满深情厚意的鼓励、支持和建议。让我更有力量去书写了！

作者，编辑，读者，被一条充满缘分的线紧紧连接着……

我一定会用心地通过文字诉说想象和现实交汇的世界！非常感谢为维护少年儿童纯净天地而默默奉献的编辑用心的传播，非常感谢相信文字具有神奇魔力的读者用心的倾听！

《儿童文学》精品图书超级链接

·淘·乐·酷·书系·魔幻天后陈柳环力作《**萝铃的魔力**》系列图书

☆看点一：讲述友情！讲述勇敢！讲述成长！
☆看点二：故事精彩，悬念迭起，阅读畅快淋漓！
☆看点三：人气画手寄居蟹鼎力加盟，海量插图精美绝伦！
☆看点四：赠送星座塔罗牌，揭示神秘的星座暗语、生日魔法！

第一部《巫术族的预言》定价：25.00元（全两册）

出版时间：2009年10月

内容简介：

从小生活在地球孤儿院的小姑娘萝铃原是萧龙星球的萧龙族人，因某种特殊原因一出生就被母亲送往地球。十三岁时她被接回了家乡——一个科技发达而又充满魔力的星球。

在新世界生活的萝铃遭遇了一件又一件神秘诡异事件：吸血鬼的袭击、神秘的禁房、会说话的小狗、五千年前的古屋、黑魔法师的袭击、萧龙种族的秘密、种族之间的斗争、巫术族的预言……所有的事件似乎都与萝铃的魔力息息相关，许多疑问在她心中涌现。好奇心驱使，她开始寻找真相。寻找真相的过程惊心动魄，而真相本身却是残酷的……

在新奇、诡异的星球，萝铃享受着友情、亲情的温暖，也感受到善与恶的对抗。而她的命运也和萧龙星球一样神秘离奇……

第二部《墨夷家族》定价：30.00元（全两册）

出版时间：2010年5月

内容简介：

萝铃在家人朋友的帮助下，将自己肩头象征魔力的茉莉花印记隐去，从而通过了长老院的清查。

不久莫明族长收到了一封用黑信封装的信，信中的内容暗示着萧龙种族的秘密已不再是秘密，刻意隐藏的历史真相就要被揭露。萝铃从邻居口中得知自己名字的原本含义是“信使”，似乎是某个种族的语言或是魔法语。在一次活动中，她听到了一个有关于“信使”的故事，她开始感觉到“萝铃”这个名字暗藏着特殊的含义……

笼罩墨夷家族的面纱就要揭开了……

第三部《不存在的秘方》定价30.00元（全两册）

出版时间：2011年1月

内容简介：

壹索梦中忆起小时候曾见到名里先生在巨人山的瀑布里埋藏了一块魔力石，里面封存着可以控制魔力的秘方。然而，当取到魔力石时，所谓的秘方只是名里先生遗留下来的令人费解的话语，萝铃还得继续寻找秘方的征程。莫明族长向萝铃坦言他与她之间的关系，并揭开了莫家的秘密。魔力种族在寻找一个可以打开财富之门的“钥匙”，这个“钥匙”会和萝铃有关系吗？

《儿童文学》
精品图书超级链接

《儿童文学》金牌作家书系·《我是你的守护星》

作者：晏菁

定价：25.00元

出版时间：2011年8月

朋友，不是用来出卖的！

勇气不是不恐惧，而是怀着恐惧，仍然努力地迎风前进。

懦弱胆小的11岁男孩正立，养了一只叫叮当的大狗。富家子邓凯欺负正立，被叮当解救，邓凯因此建议让自己的藏獒与叮当决斗。正立出于虚荣心，接受了邓凯的挑战，最终造成叮当被藏獒咬死。正立从此生活在了无尽的懊悔与自责之中。

星次神仙星纪可以帮助叮当复活，方法是：正立和他的同学们，先后将自己的灵魂进入到叮当的身体，同时对这个秘密守口如瓶。这样，叮当在不同孩子灵魂进入身体的时候，就拥有了不同的性格，在学校和家里都闹出了很多的笑话。而守护叮当的任务原来如此之难，是继续，还是放弃？

叮当最终到底有没有活过来？结局出乎所有人的意料。这个关于爱与守护的故事，最终会在你心底那片最柔软的地方，留下一滴眼泪。

《儿童文学》金牌作家书系·汤汤鬼精灵童话系列二

作者：汤汤

《睡尘湖》定价：19.00元

出版时间：2011年7月

长相一般、才智平平的绿醉，为寻找失踪的同学朵朵，为成全一段相隔四百年的亲情，倾尽全力在所不惜！性格倔强、率真美丽的红醉，为了穿越时空探望久别的父母，变成红瓷碗底一朵鲜艳的杜鹃……

曲折神奇的故事，绵延绮丽的想象，不看到最后不能掩卷的一部纯真动人的作品！

《流萤谷》定价：19.00元

出版时间：2011年7月

欲摆脱悲痛，妈妈跟随萤妖阿碧而去；为拯救幸福，艾羽踏上艰辛寻母之路。美丽神秘的流萤谷里上演着一场阴谋，阿碧和艾羽最真挚的友情纠结于误解，逃离流萤谷时的种种艰难和曲折，让人不得不屏住呼吸。

大胆奇特的想象，精巧闪光的构思，无法抗拒的惊喜与感动让你的阅读变得淋漓酣畅。

再见萝铃

Good bye

你准备好和萝铃说再见了吗？

这究竟是萝铃奇幻之旅的终结？还是另一段传奇的开始？！
是**再次相见**？还是**再也不见**？！

期待，
下一场魔幻盛宴……